¿CÓMO LE CORTO EL PELO, CABALLERO?

Libros de Luis Landero
en Tusquets Editores

LUIS LANDERO
¿CÓMO LE CORTO EL PELO, CABALLERO?

Ilustraciones de Raúl Arias

3
TEXTOS
EN EL AIRE
TUSQUETS
EDITORES

1.ª edición: mayo 2004

Diseño de la cubierta: Ramón Úbeda
Reservados todos los derechos de esta edición para
Tusquets Editores, S.A. - Cesare Cantù, 8 - 08023 Barcelona
www.tusquets-editores.es
ISBN: 84-8310-955-7
Depósito legal: B. 19.200 - 2004
Fotocomposición: Foinsa - Passatge Gaiolà, 13-15 - 08013 Barcelona
Impreso sobre papel Goxua de Papelera del Leizarán, S.A.
Liberdúplex, S.L. - Constitución, 19 - 08014 Barcelona
Encuadernación: Reinbook
Impreso en España

Índice

III. NOSTALGIAS

IV. A PIE DE PÁGINA

V. PEDAGÓGICAS

Prólogo
El valor de un instante

Estamos en primavera, es temprano y aún no ha acabado de amanecer del todo. Yo tengo que escribir un artículo pero de momento no tengo tema, ni ganas de buscarlo, así que aguardo a que él mismo me venga al encuentro, y entretanto miro a la calle y dejo la mente a la deriva. De pronto recuerdo algo que vi el verano pasado (¿o fue quizá el anterior?). Es una escena absurda. Dos hombres juegan al tenis en la cancha de una piscina. El del fondo es un hombre maduro, torpe y voluntarioso. El otro es un joven rubio y delgado y se mueve con una agilidad furiosa de avispa. Los dos juegan muy mal, como si estuvieran representando una parodia. El hombre maduro, de cada tres golpes manda dos bolas fuera de la pista, pero no más allá de la línea sino por encima de la jaula de alambre. El joven falla casi todos los golpes: quiero decir que a menudo ni siquiera acierta a darle a la pelota. Lo dos, eso sí, juegan con aplicación y seriedad. Una mujer, quizá la esposa del hombre maduro, los graba en vídeo desde la puerta abierta de la jaula. Los está inmortalizando, pensé entonces yo, y hace bien, porque no sólo merece perpetuarse lo que roza la perfección o aspira a ella, sino también cualquier momento y cualquier obra, por irrelevante que parezca. Ninguno de los tres aspiraba a nada fuera de colmar el presente de esa irrepetible mañana de julio.

Hay una épica de lo cotidiano y esa mujer era sencillamente su juglar. Importa vivir, y no está mal que quede el testimonio de la huella en la arena, un signo dirigido no a la memoria colectiva sino, como mucho, a la amorosa curiosidad de la generación venidera, a los sobrevivientes que acaso te recuerden, te quieran, y donde quede constancia –sin más alarde que la obviedad– de que ese día de julio fue irrepetible como todos los días, y de que alguien tuvo el privilegio de vivirlo, de aspirar sus fragancias, de apurar sus sabores, de llenarse con el simple prodigio de su luz. No otro es el mensaje del vídeo, del documento digital.

He aquí una buena lección para esta primavera. La advertencia de que todo instante vivido es perdurable si se pone fe en él. De que el mundo está lleno de belleza si se sabe mirar sin prisas, al ritmo lúcido y pausado que exige la más alta tarea que ha producido nunca la cultura: la contemplación. De que la felicidad, como nos han dicho los sabios, no excluye la melancolía ni la pizca inevitable de dolor: al contrario, es uno de sus ingredientes, como la sal y el vinagre en los mejores guisos. Para ser razonablemente feliz, lo primero es aceptar las reglas de la vida.

De eso me acuerdo esta mañana de primavera en que, buscando materia para un artículo, ahora me ronda la tentación de preguntarme qué significa este absurdo y apasionante oficio de vivir. De pronto sale el sol y enciende las hojas recién verdes de una maceta, con tanta furia que las transparenta y desentraña. Por un momento las hojas aparecen en todo su esplendor, pero también en toda su delicada condición efímera: la arrebatadora belleza a punto de esfumarse, como un sueño, no más. He visto esa explosión de luz y esa vehemente nitidez repentina en Tiziano, en Velázquez, en instantes que murieron hace siglos pero que esos artífices inmortalizaron en sus lienzos, los congelaron con sus colores y sus líneas para que hoy podamos revivirlos. ¡La luz vibrando en las macetas! Es la naturaleza que se canta a sí misma, que se afirma en su infinita voluntad de permanencia, en apurar la vida en un instante inspiradísimo y exasperado de gracia, de absurda y gloriosa gracia de vivir.

Uno se reconcilia entonces con el mundo, consigo mismo. Aun cuando nada tenga sentido, aun cuando las preguntas esenciales queden sin respuesta, basta con este sol, con este verde que parece reinventarse a sí mismo, para sentir que no es preciso más: sólo un poco de transparencia, y el mero gusto de vivir. Y no necesitamos aportar testigos de que, en efecto, vivimos los días irrepetibles que el destino nos concedió. Ni siquiera nos hace falta el vídeo: que el olvido responda por nosotros.

Y ahora sí, ahora vuelvo al papel y escribo sin esfuerzo la primera frase. No importa sobre qué. Si se acierta a mirar con sentimiento y con paciencia, todo resulta interesante. El arte del artículo es acaso el arte de subrayar lo trivial y lo efímero. Por eso este libro se titula así: «¿Cómo le corto el pelo, caballero?». No es desde luego una pregunta trascendente, pero sí posee una cierta solemnidad, y crea sin duda una razonable expectativa, capaz de conciliar el valor del presente con la humilde vocación de futuro a la que aspira todo instante. El articulista es algo así como el peluquero de la actualidad. Nos deja retocados en sólo unos minutos. Sin ser perdurable su labor, no por ello es efímera, y quizá en esa frontera, en esa delgada línea donde la angustia y la esperanza se neutralizan entre sí para crear un territorio intermedio de buena melancolía, esté un poco la gracia de vivir. Pero estas líneas prefiguran apenas un momento cuya sombra no llegará a mañana. Sí, de esto se trata: de pactar con el tiempo. Ceder el derecho a la eternidad a cambio de vivir el presente como si nos cobrásemos en él la promesa nunca saldada del futuro. Sólo eso. Unas líneas, unos tijeretazos, una huella fugaz en la arena. *Un peu d'espoir, / un peu de rêve / et puis bonsoir.*

I
Tipos y paisajes

¿Cómo le corto el pelo, caballero?

Ginés, Gálvez y Sierra: así se llaman y anuncian los tres peluqueros más divulgados de mi barrio. Con ellos he compartido los grandes aconteceres públicos de los últimos lustros y es indudable que los tres han influido decisivamente en mi educación ideológica y hasta sentimental, como por otra parte no podía ser menos en un gremio cuya vasta labor civilizadora se pierde en el confín de las edades. En las peluquerías, con más pujanza acaso que en cualquier otro sitio, se forjan y difunden poderosas corrientes de opinión, se revisan continuamente los códigos éticos de la sociedad y se articulan las vidas privadas hasta crear esa vaga afinidad colectiva del espíritu que define la mentalidad de una época. Ya al entrar en el ámbito coloquial y fragante de una peluquería, y al despojarse del gabán, y no digamos cuando llega el instante supremo de salir a escena y ocupar el sillón, y al ser investido institucionalmente con el babero y al ofrecer después el cogote indefenso, uno siente que el particular que uno es ha devenido de pronto ciudadano. Rigen allí normas de conducta tan misteriosas como inapelables: la opinión del que está en el sitial (si es que no tribuna) vale siempre más que la de los que aguardan turno junto a un velador atestado de prensa, aunque menos sin duda que la del peluquero, cuya veteranía doctrinal y su mismo rango de anfitrión le otorgan una supremacía casi hegemónica. Suyo es el privilegio de subir o bajar el volumen de una radio que, como referencia menor de actualidad, emite un programa de política de vodevil, y suya la gracia de cambiar el tercio y pasar a otro tema. Ante ese panorama, uno piensa a veces que si se humanizase la preceptiva burocrática y hubiera que hacer constar en los currículos no sólo las escuelas, institutos y universidades donde se han realizado estudios y cursillos, sino también las peluquerías a las que se ha venido asistiendo con constancia y provecho, yo por mi parte habría de empezar alardeando de ese establecimiento cívico que humildemente se titula así: Ginés. Peluquería de caballeros.

Con Ginés me ha tocado vivir sucesos tan excitantes como el 23-F o la primera victoria socialista. O, mejor dicho, con los Gineses, porque son dos hermanos gemelos y uno nunca sabe qué Ginés le ha caído en suerte hasta el final de la faena, ya que uno corta al estilo clásico, muy escrupuloso con la raya y con mucho volumen escultórico, y el otro, juvenil y al desgaire, y como entre los hábitos de la casa no figura el de escoger al artífice, es el azar quien decide si uno saldrá de allí con aire muchachero o de galán de medio siglo. Pero, fuera de eso, son iguales en todo, no sólo en el aspecto, sino también en la opinión y en el carácter. Los dos son optimistas, charlatanes y frívolos. A veces disertan a dos voces, como los detectives Hernández y Fernández, y si uno dice, por ejemplo: «Hace muy buen día», el otro remacha: «Yo diría aún más: un día espléndido», y hacen cantar celestialmente sus tijeras. En todo encuentran motivos de regocijo y esperanza. Cuando el 23-F, sentenciaron: «No hay mal que por bien no venga». Si alguien comenta que no le gustan los programas de televisión, Ginés dice: «Pues no la vea», y el otro Ginés añade: «Eso, eso: apáguela»; si alguien se conduele de la miseria de los países pobres, ellos dicen: «No se lamente: ofrezca un donativo»; o aconsejan a coro, si a otro le da por confesar que ningún partido político le convence: «Nada más fácil: ¡vote en blanco!»; o zanjan, si el de más allá se queja del juego de su equipo de fútbol: «Nada, nada, hágase socio de otro club y se acabó el problema». Una vez que un cliente comentó abrumado al leer el periódico: «Atracos, guerras, amenazas, asesinatos, violaciones... ¡Siempre las mismas malas noticias!», ellos discreparon risueños: «No crea, no crea, busque bien y verá que la Bolsa ha subido y la cosecha de naranjas ha sido superior», y se pusieron a silbar a dúo un aire de zarzuela. Porque los hermanos Ginés son así: razonables, moderados, objetivos, prácticos, emprendedores y risueños.

No sé muy bien si fue por cansancio ante aquel optimismo irrebatible, o por desavenencias estéticas con el Ginés clásico, pero el caso es que al cabo de unos años dejé de frecuentarlos. Una mañana me sentí intrépido y, con un sentimiento de culpa muy parecido al de una infidelidad conyugal, entré en un local que ya otras veces me había llamado la atención por el añejo colorín de barbería que colgaba a un lado del dintel. Era un lugar mínimo y sombrío, con espejos roñosos y cegatos, y por él transitaba lúgubremente Gálvez, un hombre otoñal con cara de legumbre en remojo que, nada más investirme con el babero, me dijo: «Cómo se notan los años, ¿eh?», y ante mi desconcierto me fue señalando con el peine en mi propia cara las manchas de la piel, las arrugas, las carnes sedentarias, los pelos en la nariz y en las orejas, y acto seguido me arrancó uno de la cabeza y me lo puso ante los ojos: «Vea usted mismo: despuntado, lacio, descalibrado, frágil y caedizo. Una ruina». Tres o cuatro clientes, o meros ociosos, que hacían vez y asamblea apiñados en una esquina, gruñeron y se conjuntaron en un profundo cabeceo de aflicción. Así era Gálvez, y así el espíritu de fatalidad y de infortunio que saturaba aquel ambiente. No había noticia o experiencia personal que no confirmara inapelablemente la decadencia y perversión de los tiempos. «¿Ha leído los periódicos de hoy?», me preguntaba desalentado, y no sé si secretamente eufórico, nada más ocupar el sitial, y a partir de ahí todo era una sucesión de catástrofes y presagios funestos. Alguien tenía un familiar que había contraído una enfermedad incurable y de inmediato intervenía el coro del rincón aportando otros casos terribles. «Y de los políticos, ¿qué me dicen ustedes de esos sinvergüenzas?», mudaba el tercio Gálvez, suspendiendo la tijera en el aire hasta comprobar con satisfacción que el silencio se cargaba de elocuencia ominosa. «Y usted, ¿en qué trabaja?», me preguntó un día. «Pues verá: soy profesor de bachillerato», me disculpé. «Mal asunto», dictaminó él. «Los jóvenes de hoy son todos unos golfos, y los profesores, salvo quizá usted y algún otro, unos vagos.» Cuando cayó el muro de Berlín, Gálvez, que ya muchas veces había echado pestes del comunismo, comentó: «Se jodió el invento.

A partir de ahora, se acabaron las alternativas». Porque por todas partes, en efecto, reinaban la corrupción y la codicia, y no había modo de escapar a la encerrona de la historia. La bondad era sólo artería; la libertad, filfa y apariencia; la autoridad, oprobio y dictadura; la gallardía, arrogancia; a los diligentes los acusaba de agresivos, a los parsimoniosos de holgazanes, a los placenteros de libertinos y a los escépticos de apáticos. «Vamos hacia el abismo», aseveraba Gálvez, y los del coro nos abismábamos en un cabeceo unánime de perdición y de evidencia.

Cursé unos cuatro años bajo el lúcido magisterio de Gálvez, al que tanto debo, y si lo abandoné fue porque al cabo creí poder dominar por mí mismo el arte de la pesadumbre, y también porque solía dejarme un corte taciturno a juego con su visión desolada de la realidad. Así que me cambié a Sierra's Esthéticien. Recuerdo que al entrar allí por primera vez, me preguntó: «¿Qué tipo de corte prefiere: estilista o *top* estilista?». Ofuscado, me decidí por estilista. Sierra es un hombre joven, moderno, dinámico y de pocas palabras. Ante su silencio incomprensible, y ya que estábamos en plena campaña electoral, hice un comentario alusivo al objeto de incitar al maestro. «Mire usted, yo soy un profesional, y votaré al partido que considere más profesional, porque en España, ¿sabe usted lo que se necesita?» «Profesionales», aventuré tímidamente. «Profesionales, usted mismo lo ha dicho.» Tal es, como enseguida supe, la perspectiva con que Sierra enjuicia el mundo. Cuando una revista publicó las fotos procaces, obtenidas furtivamente, de una mujer famosa, él resolvió de inmediato el conflicto moral:

21

«Esos periodistas han actuado profesionalmente». En la guerra del Golfo tomó partido por Estados Unidos porque su Ejército le parecía más profesional que el iraquí. «Usted, Sierra», le dije, «tiene las ideas claras, ¿eh?» Él me miró con ojos desapasionados, hizo una pausa y repuso lacónico: «Es que usted está hablando también con un profesional». Y es muy cierto: corta muy bien el pelo, y es discreto, afable, servicial y metódico: un gran profesional, sin duda alguna.

Sin embargo, también acabé por abandonarlo, y desde entonces, por vergüenza y por no tener que dar explicaciones de mi deslealtad, rehúyo las calles donde ejercen Ginés, Gálvez y Sierra, de modo que esto me obliga a veces a dar grandes rodeos para salir o entrar en casa. He pensado incluso en mudarme de barrio, pero de momento lo que sí he determinado es cortarme el pelo yo mismo, con todo lo que esta decisión supone de melancolía, de orfandad y de riesgo.

Un hombre de acción

Aprovecho la mañana de sol para visitar a Blas, un campesino amigo mío, que apenas me ve comienza a hablarme de cosas claras y distintas. Es un hombre ya sesentón, robusto, activo, práctico, que parece incapaz de quedarse quieto y callado a un tiempo. De vez en cuando te golpea con el dorso de la mano en el pecho o te agarra del brazo, supongo que para exigirte presencia y militancia de oyente y certificar así sus palabras y asegurarse de que llegan tal cual a su destino. A este hombre no le basta sólo con el mero lenguaje. Si no llueve pronto y bien, los soles y los hielos endurecerán y secarán la tierra; si llueve mucho, se aguachinará, y tampoco será de gran provecho. Coge un terrón, lo desmenuza entre sus dedos, y luego te invita, o más bien te obliga, a que hagas también tú el experimento. Ni mucha agua ni poca, sólo lo justo: ¿queda claro el mensaje?

Yo sospecho que quien al hablar (e incluso al escribir, como da la impresión de que ocurre a veces con Unamuno) te toca, te echa el aliento, te tira de la manga, te empuja, te magrea, y señala además a las cosas para dejar bien remachadas las palabras, se carga ventajosamente de razón. Si quieres discrepar,

23

tendrías a tu vez que sobar al otro y apelar al entorno, pues si no, ¿qué fuerza de persuasión tendrán tus argumentos verbales frente al imperio, la evidencia, la plenitud de los sentidos y de la propia acción? Pero no hay tiempo de pensar más porque ya Blas me agarra otra vez del brazo y me lleva a ver un caso curioso, una encina gigante que está seca y tiene el tronco hueco. Por el camino me informa de que en el hueco cabe un hombre entero, y dos algo apretados. Ahora se mete dentro para demostrar que él, el hombre Blas, cabe entero allí dentro. Acto seguido me empuja para que compruebe por mí mismo que también yo, el hombre Luis, quepo en el hueco con holgura. Por último se mete conmigo y nos apretamos los dos en la oquedad, y nos quedamos expectantes. «¿Ves? Ahora estamos los dos», y permanecemos allí un ratito para convencernos a fondo de la veracidad del enunciado.

¿Podría extraerse alguna lección de este ajuste perfecto entre la acción y la palabra? No hay tiempo de pensarlo, porque ya Blas ha pasado a otro asunto y está hablando de que éste va a ser un mal año de setas, y con un vasto ademán señala al campo, a modo de evidencia. Se agacha, arranca algo, quizá una seta o un indicio de seta, y me lo mete en la cara para que lo huela y me llene de la realidad «seta», tal como Heidegger (a quien yo sólo conozco de oído) diría aquello del «ser que es en sí mismo para sí propio», o cosa parecida. Estamos en el campo, entregados supuestamente al ocio, y así y todo no hay tiempo de recrearse en los placeres del pensamiento o la contemplación. Y es que con estos campesinos no hay forma de pasar en el campo un verdadero día de campo.

De pronto Blas se acuerda de que su mujer acaba de comprar una mesa de material sintético, y allá que nos precipitamos a verla. Entramos en la casa, y él nos enseña todo, y todo lo nombra y lo toca y nos lo hace tocar. «Ésta es la mesa», dice, y la zarandea un poco y luego le da un golpe recio en el tablero. Y tú: «Parece una buena mesa». «¡Toca, tócala! ¡Dale fuerte!» Y tú la tocas y la golpeas y pruebas su estructura, su solidez. Luego te echas atrás para mirarla en panorámica: es una pena que no se pueda hacer algo más con una mesa. «¿Qué tal?» Y tú, ahíto de experiencia, incapaz de cualquier palabra, resoplas y haces un gesto exculpatorio de abrumación. Cuando salimos afuera, yo ya estoy agotado de estar con Blas. «Está bonito el campo», digo, a ver si acaso esa apelación a la estética lo sosiega y lo saca de sus querencias, como hace el matador con el toro. Y, en efecto, por un momento Blas se calla, como si se hubiese acatarrado de súbito. Inmerso en las faenas agrícolas, para él el campo no es hermoso ni feo. Él es un hombre práctico, y quizá sus emociones no se nutren del color de la jara ni de la fragancia del cantueso. Hay un silencio de condolencia, como si yo hubiese comunicado una desgracia. Y claro, al no secundar Blas mi juicio estético sobre el paisaje (al que tampoco el juicio, por cierto, parece haberle afectado mayormente), yo me quedo mirando al campo con una mirada un tanto estúpida, y me siento solo e incomprendido por Blas y por el propio hermetismo de la naturaleza.

Pero inmediatamente dice Blas: «Mañana matamos un chivo y nos lo comemos». Tú haces aspavientos y gestos de que no, de que esa breve secuencia de acontecimientos es poco menos que imposible. «Pobre chivo.» «¡Anda!, ¿y para qué están los chivos si no?», dice él. Y explica con la voz y las manos lo que harán con el chivo. Lo matan, lo despellizan, lo trocean, lo meten en el caldero y hacen caldereta. Luego, se lo comen. ¿De qué manera? La cuchara en la mano, un paso adelante y otro atrás. ¿Alguna duda sobre el sentido del mensaje?

Poco después hay un momento en que representamos una clase elemental de gramática. «¿Qué árbol es ése?» «Un peral.» «¿Y ese canto?» «Es la abubilla.» Por si acaso, imita el canto que estamos oyendo. «¿No oyes? Poi poi.» Y la abubilla ratifica a lo lejos: «Poi poi». «Ahí la tienes», dice Blas, convirtiendo en magia la obviedad. «Hace buen día», le digo. «Sí, pero tiene que llover. Ni mucho ni poco, sólo lo justo. Tú ya sabes cómo son estas tierras», y mira al suelo con ganas de agacharse. Yo siento la amenaza del misterio que encierra lo evidente, y siento vértigo ante la transparencia absurda o insondable, no lo sé, que tiene a veces el lenguaje. Estoy a punto de decir algo, pero noto que no hago pie ni en la sensación ni en las palabras y me sale sólo un balbuceo de náufrago. Vagamente, me acuerdo de Wittgenstein, a quien (como me ocurre con Dante o con Milton) no he leído, aunque sí releído. Y de pronto descubro que algo en el aire, o en el alma, me invita a ser feliz. Las cosas están donde deben, cada cual con su nombre. Uno puede olerlas y tocarlas, por si acaso el nombre no fuese suficiente. El sol está ya alto y empieza a calentar. Pasa un perro. Seguro de mí mismo, casi como quien echa al tapete un naipe ganador, digo: «Ahí va un perro», y me siento orgulloso de mis palabras, humildes y eficaces, y a su modo inefables. «Mañana matamos el chivo y nos lo comemos», dice Blas. «Paso adelante y paso atrás», digo y escenifico yo. «¡Ahí está!», me coge él la palabra.

Y ahora nos callamos. El silencio es acogedor, y nadie es responsable de él, y nos envuelve con la misma inocencia impasible del campo. «¿Quieres que te enseñe un pozo que acabo de hacer a medias con un zahorí?», dice Blas, y antes de echar a andar me coge del brazo, no vaya a escaparme o a desaparecer por arte de magia. Y, la verdad, en ese instante yo no sé si entregarme definitivamente a la felicidad o a la desdicha.

Los asomadizos

Es muy posible que los asomadizos hayan existido desde el principio de los tiempos, y yo recuerdo vagamente haberlos visto en esas pinturas célebres, digamos de un Tiziano o un Memling, donde al fondo de una adoración de los Magos, de una presentación de María en el templo o de una reunión oficial de síndicos textiles, aparece asomada como de rondón una cara burlona, atónita o medrosa, que mira o vigila desde la lejanía de la extrañeza y del anonimato y que parece haberse deslizado traviesamente en el cuadro aprovechando una distracción del pintor. A los descendientes de esos intrusos clásicos volvemos a encontrarlos siglos después en las fotografías familiares que hicimos frente a una catedral o a un paisaje de marca, cuando, al revelarlas, descubrimos que allí, en una esquina, con expresión pícara o seráfica, se nos ha entrometido, no sabemos cómo, el averiguador de turno. Qué hace allí, qué secreto quiere penetrar tan obstinadamente su mirada, es un misterio. Quizá sólo aspira a asomarse, sin más, por pura expectación, con ese infinito asombro con que miran los perros lo que no aciertan a entender, y que es como debían de observar los criados por las ventanas del salón del castillo donde bailaba aquella otra gran asomadiza que fue Emma Bovary. A uno, estos maestros menores del atisbo le parecen unas figuras demasiado enigmáticas y elocuentes para pensar que pudieran estar emparentadas de cerca con los duendes que propician los errores tipográficos o los actos fallidos, y ni siquiera con el mero fisgón que hace aspavientos desde los córneres o pide permiso en la radio para saludar a los suyos, y menos aún con los refinamientos y sigilos profesionales del *voyeur*. Y aún menos, por descontado, con la variedad grosera de esos falsos asomadizos, o más bien de esos impostores, que no están allí por casualidad (y la historia se encarga después de demostrarlo), y a los que no les interesa tanto mirar como dejarse ver, mientras esperan en el limbo su momento de gloria. Como actores secundarios que van cobrando importancia a lo largo del drama, los vemos avanzar en escena hasta lograr alzarse inesperadamente con el protagonismo. Pinochet fue asomadizo de Allende; Franco, de Azaña, y Stalin, de Lenin, los cuales, a su vez, generan a sus espaldas otros pesquisidores, y así sucesivamente, de modo que, si pudiéramos seguir sus trayectorias en una exposición fotográfica lineal, tendríamos la impresión de un oleaje de figuras que se persiguen y se dan alcance desde un fondo difuminado hasta un primer plano que también se esfuma tras un instante de extrema nitidez. Mirando las fotografías de grupo de Felipe González, uno se pregunta si entre sus asomadizos estará ya su sucesor, y si será tan imperceptible como Adolfo Suárez lo fue de Arias Navarro. Pero no: el verdadero asomadizo es el que aparece en las pinturas clásicas, el que alcanza rango de protagonista en la novela del siglo xix y al que de vez en cuando vemos en las instantáneas de los periódicos escrutando desde la penumbra, como si intentase descifrar una inscripción borrosa, y como sin dar crédito, a algún mandatario o cantante de fama. En las primeras páginas de *La rebelión de las masas*, Ortega los detecta, convertidos ya en muchedumbre, no acechando, sino irrumpiendo abiertamente en las taquillas de los teatros, en los andenes del ferrocarril y en los cuartos de los hoteles. Pero eso pertenece a la sociología, y hay algo en ellos que, a pesar de todo, permanece intacto: el extrañamiento ante algo que, siendo en principio familiar, resulta no obstante incomprensible.

Hace poco, hojeando periódicos y revistas ilustradas de los años sesenta, en las fotografías de las celebridades, ocupando un fondo más o menos difuso, tuve ocasión de ver a muchas de esas figuras anónimas que, por contraste con el relumbrón y resonancia de los primeros planos o acaso sólo por el hecho de estar ahí, asomadas a la noticia, pero desvinculadas en apariencia de cualquier otra significación explícita, me parecieron de pronto más emblemáticas de una época que la propia celebridad. Diríase que el tiempo, que tanto gusta de trastocar las jerarquías, había convertido a esos indagadores innominados en los verdaderos protagonistas de sucesos en los que ellos estaban apenas llamados a ser un coro sobreentendido y silencioso. Porque a muchos de los personajes de entonces ya no los recordamos, o los recordamos con piedad, con ira o con desdén, pero los otros, los intrusos, parecen haber estado ahí desde siempre, y en sus ojos sigue viva la misma aterrada fascinación con que los bienaventurados recibían en otro tiempo las apariciones celestiales, sólo que ahora el prodigio quizá no sea otro que la visión terrenal, y no menos divina, del poder y la gloria.

Uno, que se asomó de niño a Franco y a Eisenhower con el mismo estupor indefenso con que después se enamoró y escribió su primer e inconsolable poema de amor, siente una especie de vértigo ante la lucidez insomne de esas miradas que parecen vislumbrar algo que está más allá del personaje o del suceso. ¿Qué habrán visto, qué habremos visto, para entregarnos tan incondicionalmente a la perplejidad?

De aquella época, unos nos han legado su brillo o su impudor; ellos, su mero asombro: esa impagable clarividencia por la que hoy sospechamos que acaso a donde se asomaba el asomadizo en realidad era a la propia historia.

Suspiros de España

No importa su nombre, su oficio ni su edad, sino su trayectoria veraniega, desde que concibió el proyecto hasta que se ofreció públicamente como testimonio y advertencia de que España, que ya había carecido de siglo XVIII, comenzaba ahora a correr el riesgo de quedarse igualmente sin siglo XXI.

Fue como si también a él lo hubiese alcanzado la fúlgura de la historia, porque todo se inició de repente la tarde en que, después de una polémica montaraz con los compañeros de julepe sobre las esperanzas de España en el Mundial, de Perico en el Tour y de Curro y Paula en las próximas de San Isidro, donde defendió sus conjeturas hasta la ofuscación y la ronquera, se retiró exhausto y despechado a un rincón, abrió al azar un periódico y se enfrascó en un largo informe sobre el espíritu de la nueva Europa. Vio a un primer ministro acudiendo a una cumbre en bicicleta, a un eurodiputado en chándal, a un jefe de Estado en cuclillas dando de comer a los patos, a un grupo de ecologistas salvando a una ballena, a un profesor de Oxford con toga y birrete ayudando a un niño a volar una cometa, y entonces descubrió que su ira se iba sosegando en un idílico remanso de paz. Leyó un artículo, que le resultó intrincado, sobre las futuras relaciones entre el marco y el ecu; leyó otro sobre las previsibles afinidades de los países de la EFTA (y era la primera vez que reparaba en estas siglas) con los de la CE; leyó frases como «estatuto de ciudadanía europea», «marco de seguridad estable», «aventura colectiva», y de pronto tuvo una visión clara y distinta del tiempo histórico que le había tocado vivir, y un trémolo efusivo le subió del estómago, le anudó la garganta, le empañó los ojos y, como un relámpago, le esclareció por un instante los más recónditos abismos de la conciencia.

Debió de ser una revelación, quizá larga e inadvertidamente incubada, porque al punto se sintió avergonzado de sí mismo, de la vida turbia y grosera que llevaba, y en un segundo (como Pablo de Tarso, como el Memnón volteriano) decidió convertirse en el hombre nuevo que en el fondo siempre quiso ser: europeo, cívico, progresista, solidario, ejemplar. Recordó que ya había experimentado una vehemencia semejante en 1977, cuando las primeras elecciones generales, y sobre todo en 1982, tras la victoria socialista. Pero luego ocurrió, pensaba amargamente ahora, que la democracia, que es un arte de convivir, en España conserva aún algo de creencia, quizá porque varios siglos de despotismo han enseñado que el poder público participa siempre del divino, y por eso muchos se entregaron a la democracia con la misma devoción que a la patroncita local y milagrera, confundiendo así la religión con la política, y claro, como ahora no llueve, ya están pensando por ahí en ir a echarla al río. «Y es que España sigue siendo fatalmente un país religioso», fue la conclusión de aquel rapto de fervor europeo.

Luego, todo fue muy rápido, como requieren estos tiempos. Según su proyecto ganaba en vigor y hondura, se le fue viendo menos por el café donde todas las tardes se reunía con lo que él llamaba «la tertulia», y su mujer «los amigotes», a jugar al subastado o al julepe, y cuando concurría era sólo para escuchar, risueño y deferente, los rijosos pleitos futboleros y taurinos o los veredictos políticos, siempre breves y catastróficos, o ceñidos chuscamente a las corrupciones y marrullerías del poder. Comenzó primero por renunciar a la faria; luego, al sol y sombra (que sustituyó por un insólito té con limón); luego, al palillo entre los dientes, y finalmente, a los naipes. Le parecía que la bebida, el juego y el tabaco suponían usos bárbaros heredados de una sociedad cuyo anacronismo resultaba escandaloso ante el empuje de la Europa ilustrada, saludable y gentil, que ya se avecinaba. Siguiendo el mismo plan de renovación, eliminó la siesta, y con ella todas sus viejas y charras aficiones. Canceló la lectura del diario deportivo, y ahora, en vez de pasar a manotones las hojas para ir a engolfarse en las secciones futbolísticas, taurinas y televisivas, se detenía largamente en las de política internacional y economía y en los editoriales y artículos de fondo. Leía despacio y subrayando, y a veces suspendía la lectura para ordeñarse reflexivamente la barbilla.

Estupefactos estaban su mujer y su hijo. En pocos días, de ser brusco y torvo, se había vuelto templado y circunspecto, y mientras su proyecto se mantuvo vigente no volvió nunca a alzar la voz, a especiar las comidas, a blasfemar contra el Gobierno, la juventud o los vecinos, a sorber la sopa o a rascarse ostensiblemente la entrepierna. Ya no se tumbaba en el sofá las tardes de domingo para seguir a todo volumen las retransmisiones deportivas y corear los goles propios y clamar contra los adversos, y ni siquiera veía ya los resúmenes de los partidos y aún menos escuchaba las peloteras y simplezas de los programas radiofónicos de medianoche. Al contrario, ahora cabeceaba mucho e intentaba dialogar con su hijo y con su mujer y contagiarlos de su armonía espiritual. Los gestos desaforados se habían atenuado en discretos ademanes que apenas subrayaban los razonamientos, y el mismo tono de la voz abandonó la gruesa facundia y se fue desmayando en un susurro conciliador que nunca perdía la calma olímpica. En casa y en la tertulia, al menor resquicio hablaba de la reunificación alemana, del dilema entre federación o simple confederación, de las oscilaciones en Tokio o Wall Street, de Jacques Delors, del ocaso de los nacionalismos, de Estrasburgo y Liechtenstein, del Tratado de Roma, de la degradación de la Amazonia, del Bundesbank. Y, claro está, del siglo XVIII. El siglo XVIII fue su mejor y más triste obsesión. Se lamentaba de que en España el tono de aquella época no lo hubiesen dado las luces de la Ilustración, sino los bandoleros y los clérigos. Pero ahora, dos siglos después, he aquí que se nos brindaba de nuevo la ocasión histórica de liquidar las últimas brumas de nuestro oscurantismo y de abrir las puertas al aire purificador de la razón y la concordia.

En el humazo farruco y viril de aquel ambiente, su voz adquiría tintes proféticos: «El fin de la tauromaquia está cercano», decía; «en la nueva Europa no habrá sitio para la barbarie». Los otros lo escuchaban cabizbajos, suspensos, socarrones. Pero él, inflamado de civismo, continuaba adelante con su proyecto de regeneración personal. Empezó a escuchar a Bach y a Mozart, y durante aquel tiempo no volvieron a sonar en casa sevillanas, boleros o zarzuelas. Se apuntó a un curso por correspondencia de inglés y a otro de alemán, y a todas horas se oía la tarabilla de sus frases animosas y enfáticas. Leía, ceñudo y trascendente, a Mammarella, a Togendhat, a Caldocoresi, y también, como un escolar retrasado, a Diderot, a Tocqueville, a Keynes, a Marcuse. No volvió a contar chistes ni a querer escucharlos. Se reconcilió con 1992, atribuyó a su individualismo selvático el rechazo pueril de toda empresa colectiva. Y para no descuidar tampoco los sucesos de política interior, se dio a seguir y a analizar los debates familiares del PSOE que hasta entonces había rehuido por la misma causa por la que no le atraían los consejos de administración de una empresa privada, ni los chismes de sus ejecutivos ni la salmodia de sus portavoces. Inútilmente buscaba contenidos ideológicos o morales bajo aquel fárrago de declaraciones, desmentidos, ponencias, reproches, traiciones y lealtades. Pero se acordaba de la patroncita y continuaba adelante con el estudio del debate. «La modernidad tiene un precio», se animaba cuando creía sucumbir a aquel tedioso laberinto de guerristas, felipistas, solchaguistas y sempgrunistas, que a veces le recordaba sus viejas trifulcas de julepe.

Pero superó también esa prueba. Ahora se sentía, en efecto, un hombre renovado, y más cuando salía al atardecer enfundado en un chándal, con una cinta en la frente, y se acercaba a un parque próximo a darse un trotecito, del que volvía rejuvene- cido y con nuevos ímpetus para perseverar en su afán. Y cuando concluyó el Tour y apareció la Liga en lontananza, él ya tenía a punto su propio calendario alternativo. Lo expuso en la tertulia el último día en que apareció por allí con el *Times* bajo el brazo. Alguien comentó los encuentros decisivos del campeonato y él aprovechó la ocasión para enumerar de carrerilla su repertorio de fechas memorables: en septiembre, el Parlamento Europeo celebraría en Estrasburgo (y lo pronunció a la alemana) un pleno dedicado a la ayuda a Europa Central y del Este; en octubre, coincidiendo con la apertura de la veda del conejo, habría elecciones en los cinco *länder* de la RDA; en noviembre, cumbre de la CE en Roma y de la CSCE en París, y el 13 de diciembre (y aquí alzó la voz con un quiebro emotivo), conferencia intergubernamental de la CE sobre la unión económica y monetaria, y un día después, sobre la unión política, y al otro, cumbre de jefes de Estado y de Gobierno para sellar los acuerdos finales. «Ésos son los encuentros decisivos», dijo exultante, y se levantó, y ya desde la puerta, enarbolando el *Times:* «Ésos son los encuentros donde no hay adversarios ni derrotas, sino victorias seguras para todos», y se marchó, dejando a la cuadrilla entre confusa y consternada.

Luego, durante algún tiempo, no volvió a saberse de él, salvo rumores. Se decía que preparaba una expedición familiar al festival de música de Salzburgo, que se había hecho medio vegetariano, que se le había visto con una pancarta en una manifestación a favor de las focas y que al atardecer se le podía encontrar por el parque trotando al ritmo de óperas y sonatas, o leyendo tratados económicos y políticos bajo la penumbra de los tilos. No se sabe bien qué ocurrió después, ni en qué momento, ni cuál fue el detonante para que, con la misma urgencia con que había concebido su programa de regeneración, los viejos hábitos fuesen regresando y ocupando sus lugares de siempre.

Una tarde de finales de agosto, cuando el conflicto del Golfo parecía haber llegado ya a un punto irreversible, volvió por la tertulia y se sentó en el sitio de costumbre. Encendió la faria, recreándose en la faena, y después de embuchar el sol y sombra de un solo golpe de muñeca, proclamó que no estaba allí por su voluntad, sino porque la historia lo había arrastrado en su vorágine hacia la desolación de aquellas playas. Alguien comentó que había mucho de mito en todo eso y que, en cuestiones sobre ser europeos o españoles, aquí seguíamos enredados en el rancio extremismo unamuniano, e inició enseguida un dictamen sobre las consecuencias de la unión alemana. Pero él cortó el discurso afirmando que celebraba a Alemania más por su fútbol que por su reunificación. Luego alcanzó un palillo, pidió la baraja y, antes de repartir suerte, se ofreció como testimonio de que en España la modernidad sólo existía como apariencia, y que sólo un milagro de la patroncita podía evitar que, entre tanta desidia e impostura, ocultas bajo los cabrilleos de un barniz tecnológico, nos quedáramos también sin siglo XXI.

Dinero chico, dinero grande

No sé qué morbosa curiosidad o qué rústica fascinación nos mueve a los que poco o nada sabemos de alta economía a leer con fruición las secciones financieras de los periódicos. Hay allí cifras tan inverosímiles que los propios especialistas optan por expresiones poéticas del tipo de *temblor bancario, carnes al vacío, el desierto de los tártaros, Amadeus se constipa,* o urden frases que son verdaderos vislumbres vanguardistas: «El constante avance de la morosidad y la caída de los márgenes retrasan la guerra del activo». Vean ustedes, si no, qué memorable arranque para una novela: «La fecha del 15 de enero se encuentra, ominosa, en las mentes de todos aquellos que trabajan en la renta variable, y los operadores cuentan, aún más desde que comenzó el año, con la ingrata compañía del espíritu de Damocles y su daga» (Santiago Carcar). En fin, al modo de aquella escena de *Madame Bovary* en que los criados se asoman a las ventanas del castillo para ver danzar a sus señores, así nosotros, los usuarios del dinero chico, nos alzamos a veces de puntillas para espiar el espectáculo, incomprensible y excitante, del dinero grande. Esta clasificación del dinero me fue revelada en la adolescencia, antes de leer a John Dos Passos y de ver la película *América, América*, de Elia Kazan. Frecuentaba entonces un quiosco donde se vendía tabaco suelto, chucherías, petardos, y se cambiaban por unos pocos céntimos novelas policiacas, de amor y del Oeste. Lo regentaba un tal señor Emilio, que había sido durante cuarenta años conductor de tranvías. Ahora estaba jubilado, tenía un retiro de 1.500 pesetas al mes y se ayudaba con el quiosco para sobrevivir.

El señor Emilio sabía mucha geografía. Se conocía al dedillo las capitales de todos los países y qué montañas eran las más altas y qué ríos los más largos. Y también curiosidades del tipo de cuántos tornillos tenía la torre Eiffel y cuáles eran las mayores fortunas del mundo. Por si fuese poco, había leído un libro, un solo libro: una biografía de Alfred Nobel, el inventor de la dinamita, a quien juzgaba, sin discusión, el hombre más sabio que hubiera habido nunca. A pesar de todo, el señor Emilio consideraba, respecto a sí mismo, que el destino no lo había tratado con justicia, y que con un poco más de suerte podía haber sido un buen comerciante al por mayor, e incluso, ya puestos a soñar, inventor y empresario, como el propio Nobel. Tenía una casita en su pueblo natal de Ávila, adonde iba en agosto, y se pasaba buena parte del año ideando formas de combatir a las hormigas, que por lo visto no sólo invadían la casa, sino que estaban ya socavando los cimientos. Mezclaba distintos tipos de veneno y hacía pruebas con hormigas que guardaba en una lata. Aquellos experimentos le llenaban de orgullo, porque humildemente le emparentaban con el genio. Solía decir: «Aquí andamos con los inventos, siguiendo la estela del gran Mister Nobel».

Una tarde de primavera, no recuerdo a cuento de qué, me dijo que tenía un secreto que nunca había revelado a nadie. Le tiré de la lengua y, tras algunos reparos, acabó confesando que allí donde lo veía, ganándose unas pesetillas en el quiosco, él, el señor Emilio, era un poderoso señor, dueño de un gran jardín privado. No pude menos que reírme con aquel desvarío, a lo que él, ofendido en su dignidad, me dijo que si le guardaba el secreto me enseñaría sus propiedades. «El próximo domingo», proclamó, «ven aquí a las diez y te mostraré mis jardines, ante los cuales Versalles palidece. Y tráete de comer porque recorrerlo cuesta un día entero y a buen paso.»

Y, en efecto, dedicamos todo el domingo a recorrer su gran jardín privado. Estaba repartido entre solares, escombros, descampados, alcorques, baldíos y hasta grietas de suelos y paredes. Allí nacían arbustos, malvas, tréboles, lirios, salvia, margaritas, chupamieles y hasta orquídeas silvestres, y sólo él, el señor Emilio, sabía que, unidas por un trabajoso laberinto, aquellas plantas dispersas formaban un jardín secreto: el más hermoso y secreto de toda la ciudad. Dedicaba los domingos y demás fiestas a cuidarlo y a pasear por él. Lo regaba, lo podaba y lo mantenía limpio de malas hierbas, y sufría por su jardín con las sequías, las tormentas y la especulación del suelo.

«Ésta es, junto con mis conocimientos geográficos y mis investigaciones toxicológicas, la única cosa grande que yo he podido conseguir», me dijo al final del trayecto. Y fue entonces cuando me habló de las dos clases de dinero. Su pensión, por ejemplo, o las ganancias del quiosco, eran dinero chico. «¿Y el grande?», le pregunté. «Ése es invisible, como Dios», dijo él, «está en todas partes, pero no se le ve, que es lo que ocurre precisamente con mi jardín.»

El señor Emilio distinguía también entre dictadores grandes y dictadores chicos. Los chicos eran, sobre todo, los inspectores de policía que a veces venían a requisarle el tabaco rubio de contrabando. Yo, por mi lado, añadí a ellos el capataz del taller mecánico en que trabajaba por entonces. El grande, sin embargo, a mí me parecía inofensivo. Al fin y al cabo, vivía lejos, en un palacio, y yo no sufría sus inclemencias. Pero el señor Emilio me dijo: «Pues no señor, el dictador grande es como el dinero grande, que está en todos los sitios, pero tampoco se le ve». Y así es como aprendí que las grandezas y miserias de este mundo quedaban unidas por un hilo invisible de fatalidad.

Al señor Emilio le admiraba que no le concediesen el Premio Nobel de Economía a gente como Rockefeller u Onassis y sí en cambio a hombres asalariados, que a veces vivían en pisos bien modestos. «Ya puestos», comentaba, «mejor que se lo diesen a cualquier pobretón», y aseguró que no hay ciencia más difícil que contar con los dedos dos o tres monedas cuando se tiene hambre, porque uno lo que hace en realidad es el cálculo de las necesidades y deseos y no de las monedas, y por eso las cuentas del dinero chico no pueden salir nunca. Por un lado están los números exactos de la miseria, y por el otro, esas fantasías exacerbadas del deseo que son las lámparas maravillosas, las cuevas vehementes de tesoros, el cántaro de leche o el Versalles ilusorio y secreto. El pobre hace poesía con el azar; el rico lo cultiva. Entre la miseria y la justicia hay un abismo que a menudo la desesperación sólo puede salvar con un vuelo poético.

Por eso ahora, cuando leo las altas páginas financieras, llenas igualmente de fantasías retóricas, comparo la estética del dinero grande (esa que también vemos, ya degradada, en los culebrones o en los anuncios publicitarios) con el lirismo sobrecogedor del dinero chico, y entiendo que, en este tipo de cuestiones, sólo la fantasía que nace del sufrimiento esconde siempre una verdad abrasadora.

A su lado, las otras fantasías parecen apenas colorines, filfas y lilailos.

Claroscuro

De tanto hacer versiones, el mito se ha convertido ya en parodia o en viñeta moral y apenas logra conmovernos: un viejo (llámese Fausto o Aschenbach, el protagonista de *La muerte en Venecia*) que vende su alma al diablo o al peluquero para recuperar la juventud y, con ella, las pasiones de entonces. Condición inexcusable, claro está, es que el viejo sea sabio, para mostrar ejemplarmente qué poco vale la sapiencia cuando en el horizonte vital aparece de nuevo y a deshora la ilusión juvenil de la aventura y el amor. De lo que, sin embargo, poco o nada se ha escrito es de la historia más realista y humilde, y también intrépida a su modo, del hombre aún joven que un día decide convertirse en viejo, en parte para tomar un atajo hacia la serenidad y la sabiduría que a veces traen los años, pero sobre todo para descansar de las fatigas laborales y gozar de las ventajas que otorga la vejez precisamente cuando no han llegado todavía los achaques y ese disfrute puede apurarse a tope y por muy largo tiempo.

Antes, cuando la legislación al respecto era aún imprecisa, podía cruzarse la frontera entre las edades con mucho más desenfado que hoy. Si uno observaba atentamente a los grupos de viejos que se instalaban a media mañana en las plazas y parques de las ciudades y los pueblos, no era raro descubrir que entre ellos se había infiltrado un impostor. Todo debía de acontecer con una suerte de fatalidad semejante a la de los procesos naturales. Se trataba de un hombre maduro, pero de ningún modo anciano, alguien que andaba alrededor de los cincuenta, y a veces aún más joven, y que después de una época de desidia y de cultivar algunas dolencias leves o simplemente imaginarias, un día se agenciaba al fin una garrota y unas zapatillas de paño, se sentaba en la plaza cerca de otros viejos, pero todavía no mezclado con ellos, y adoptaba un aire manso y patriarcal. Un día y otro día iba adquiriendo sus derechos y haciendo alarde de experiencia. Repartía consejos, picardeaba a las mujeres, pronosticaba el tiempo, ejercía a ratos la sátira moral, teorizaba sobre el espíritu de la época, decía saber de buena tinta que cualquier día China conquistaría el mundo, evocaba pasajes decisivos de la Guerra Civil ilustrando la estrategia en el suelo con su bastón de mariscal, y a los niños que salían de la escuela les cantaba *La Tarara* con una letra procaz de su propia invención. Luego rifaba entre ellos, con mucha ceremonia, una nuez, un diente de dragón, una peseta antigua y otras cosas que extraía de los bolsillos ya sabiamente holgados por el uso, y donde parecía guardar un caudal inagotable de cachivaches desparejos y absurdos. Poco a poco iba ganando privilegios, haciendo verosímil su nueva condición, desplazándose hacia el grupo oficial de viejos, hasta que finalmente era admitido entre ellos como uno de los suyos. En adelante, sin ponerse de acuerdo, quizá sin darse cuenta, hasta los conciudadanos de su misma edad pasaban a respetar su rango y a llamarle de usted. La comunidad había dado por buena su vejez prematura.

Ahora, uno, que ya va teniendo la edad de aquellos ingeniosos pícaros menores, comprende muy bien el impulso idílico de echarse a un lado del río voraginoso de la vida para gozar desde allí del espectáculo sin participar en sus contiendas. Como algunos pioneros de la bohemia, que para escenificar su apartamiento del mundo burgués, al que pertenecían de cuna, no tuvieron sino que subir las escaleras e instalarse en las buhardillas en que había habitado hasta entonces su propia servidumbre, de modo que se marginaban sin necesidad de cambiar de barrio y a veces ni siquiera de inmueble, así también hay días en que uno quisiera vivir en la ambigüedad de esa frontera donde la ilusión es ya un poco real y la realidad un poco ilusoria, donde se puede ser testigo sin llegar a ser cómplice, rehusar sin renunciar del todo, dar sólo los primeros pero solemnes pasos hacia un largo viaje que concluirá felizmente en la esquina más próxima. Siempre me ha conmovido esa épica de los grandes gestos que se quedan apenas en la promesa de una acción magnífica, y que dejan en el aire el trazo nítido del sueño que estuvo a punto de cumplirse.

Hay en mi barrio un hombre que vive en un banco público, siempre el mismo, desde hace más de treinta años. Unas bolsas de plástico y una caja de herramientas asegurada con una cadena a la pata del banco contienen todas sus propiedades. Es un hombre alto, fuerte, digno, con un aspecto siempre decoroso, que al parecer un día decidió marcharse de casa para instalarse en la calle, a la intemperie, y no por problemas económicos, porque él es un buen fontanero y tenía un buen trabajo, sino por uno de esos impulsos secretos y apremiantes que el corazón no puede desoír. Vivía justo enfrente de lo que ahora es su nuevo hogar, de modo que sólo tuvo que cruzar la calle para tomar posesión del banco que habría observado muchas veces desde su casa, desde el saloncito de estar, con la melancolía del exiliado que recuerda su patria. Debió de sentir en algún momento el horror y el vértigo a envejecer en ese saloncito de estar cuando afuera estaba esperando la libertad, los días aligerados de sillones y responsabilidades, y acaso también de tedio conyugal: una existencia clausurada en la flor de los años, unos treinta, que son los que él tendría entonces, cuando decidió atravesar la calle y cambiar el saloncito por el banco. Lo veo muy a menudo, casi todos los días, y ahí está siempre, paseando bajo una marquesina, o sentado junto al petate plastificado que le sirve de lecho. Da la sensación de que continúa en el saloncito, evocando de nuevo un ideal inalcanzable.

Quizá en el fondo de ese anhelo privado late la nostalgia de una sociedad sedentaria que añora sus tiempos primitivos de nómada. Ese hombre es un vagabundo sedentario, un aventurero estable, alguien que vive también en la indefinición de la frontera. En el elogio que hace Italo Calvino de la levedad, nos habla de lo que el mundo tiene de denso, de pesado, de opaco. Ese carácter pétreo él lo compara a la Medusa mítica, a la que Perseo le corta la cabeza sobrevolándola con sus sandalias aladas. Para evitar su mirada mortal, no la encara de frente, sino a través de un escudo de bronce, que refleja su imagen. De la sangre de la Medusa nace un caballo alado, Pegaso, y así lo pesado se convierte en ligero.

No se trata de rehuir lo que el mundo tiene de real y hasta de monstruoso, sino de flotar sobre él y mirarlo a través del espejo. Porque es en esa línea difusa que hay entre el sueño y la vigilia, entre lo que se desea y lo que se alcanza, entre lo denso y lo liviano, donde mejor se define y abarca esa cosa misteriosa que a falta de mejores palabras llamamos realidad. Ni joven ni viejo, ni nómada ni sedentario, ni burgués ni bohemio: hay días en que uno quisiera establecerse en ese punto, para descansar de los dogmatismos y sobre todo de las propias contradicciones.

Retrato de un hombre inexistente

¿Por dónde, cuándo, cómo nos sobrevino el pacificador? ¿De qué parte de nuestro laberinto histórico llegó esta figura abnegada y humilde que sigilosamente asomó por el foro hacia 1975, o quizá mucho antes, y se instaló en las umbrías del escenario, y que luego, siempre borrosa y como resignada, fue avanzando a hurtadillas y se mezcló con los actores hasta desplazarlos a los extremos y pasar a ocupar él el primer plano, el centro de la escena, de los aplausos, de la luz? Y entonces, ¿existía de antes? ¿Estaba ya allí, entre bambalinas, desde hacía muchos años, o acaso anduvo un largo camino para llegar a tiempo a la función? Si estaba allí, ¿por qué no advertimos su presencia? Si procedía de lejos, ¿de dónde venía y por qué sendas, y en qué medio de locomoción y guiado por qué lazarillo? No tenía reservado en principio ningún papel en la obra, sino que por todo bagaje traía un vocabulario básico regido por un breve arte combinatorio donde había palabras como éstas: *principio, conjetura, convivencia, idiosincrasia, fundamento, proporción, sensatez, relatividad, tolerancia, moderación.* ¡Sí, eso es, moderación! Porque esa figura (en el caso improbable de que exista, que quizá sea sólo el chivo expiatorio de mi secreto fanatismo) no es otra, en efecto, que la del moderador. No el moderador que aporta una nueva luz al debate y que, lejos de conciliar posturas al precio de anularlas, lo aviva y lo conduce, y que, por tanto, se incorpora a él como un polemista más. No es tampoco el mediador ocasional que, estudioso de un tema, agrega su saber a la disputa. Ni es el apaciguador de riñas callejeras ni de ofuscaciones sectarias. No: éste del que hablo es sólo el moderador, el que todo lo modera, el que es ideológica y moralmente ubicuo y está en disposición de moderar una dictadura o una democracia, y que no precisa saber de nada porque para eso cuenta con su vocabulario básico y con su propia imagen ejemplar. Es aquel bombero que, inflamado de celo profesional, apenas ventea algo de humo corre con la manguera a sofocar las llamas, anegando en diluvio a las presuntas víctimas. Para él no hay diálogos, sino reyertas fratricidas. Ni hay desavenencias: en todo ve extremismos. Reduce la densidad moral a una gresca de buenos y malos, de romanos y cartagineses. «No abramos viejas heridas», dice, «no volvamos a nuestras seculares pendencias. ¡Mesura, mesura!», se oye a todas horas su salmodia. Porque se supone que, siendo un hombre sin pasiones, está en situación de arbitrar los antagonismos de los exacerbados, y sólo por eso, sólo por la carencia, adquiere empaque, plenitud y dominio.

Todo lo simplifica y lo amplifica. Es amigo de todos y enemigo de nadie. Concede la razón a quien la quiera, como si la razón fuese suya y él pudiese ofrecerla de balde. Y dándosela a todos, a todos se la quita, y la abarata y la reblandece, y así obstruye cualquier intento de acercamiento a la verdad. Es generoso porque nada de lo que obsequia es suyo. Cultiva así un tipo de tolerancia ilimitada (quizá para que en ella también él pueda ser tolerable), donde la virtud y la desvergüenza queden a la par. Todo lo justifica y lo aminora. Se acomoda ventajosamente a cualquier duda, pero le parece un escándalo que un mismo objeto soporte el peso de dos ideas adversas.

Su arma favorita suele ser la comparación, pero tal como la entendía aquel ciego del que habla Tolstói, al que intentaban explicarle cómo era la luz blanca. «Es como la leche», le decían. «Entonces, ¿se vierte?», preguntaba él. «Es como la nieve.» «Entonces, ¿es fría?» «Es como el papel.» «Luego ¿cruje?» El moderador, tan dispendioso en el uso mistificador de la imagen, si advierte que hay una parte común en la porfía, da por hecho que el resto coincide, y que la luz blanca cruje, se vierte y se derrite. Y de esa forma, confundiendo las partes y el todo, iguala lo singular y lo diverso, y todo lo concilia y lo convierte en aguachirle. Diríase que su función no es otra que cegar las tesis y uniformar los argumentos, evitando así que los cismas encuentren un punto de afinidad y salte la chispa del repentino hallazgo. Y si es él quien impone una imagen simplista de la realidad, y por ello dogmática, ¿no podría pensarse que es él el extremista bajo el disfraz de la templanza?

No se le puede rebatir porque, como maneja razones intermedias, se incurriría en excesos que él estaría llamado de nuevo a moderar. Increparlo es inútil, porque lo confirmaríamos en su apostolado. Tampoco se le puede ignorar, pues, una vez en posesión geométrica del centro, el discurso de los adversarios pasa forzosamente por la aduana del suyo. Apartarlo a la fuerza es tanto como concederle un triunfo fulgurante, el del sacrificio, ya que, enzarzados con él, habrá conseguido que los oponentes hagan causa común, que es, en definitiva, lo que pretendía. No, no hay forma de librarse del pacificador: si ha hincado bien los dientes en la discordia, la presa es suya sin remedio.

Practica ese modo cansino que tienen algunos cristianos de ofrecerse al prójimo, de ponerse a su disposición, y que es más una carga que un alivio. Dándose, nos baldan con el peso de la dádiva. Se nos vienen encima y, sobre la carga que ya cada cual soporta, nos echan encima la de su abnegación. Nada pueden hacer por nosotros (lo sabemos todos de antemano), pero aun así se obstinan en ayudarnos. Y no vale nada contra ellos, porque en último extremo, si declinamos enérgicamente sus servicios, se adherirán a nosotros convertidos en víctimas y nos seguirán humildemente, agotando nuestras escasas fuerzas.

Ignoro de dónde proviene esta figura incierta: si del buey o del zorro en las asambleas de animales, o de aquella aristocracia del espíritu de la que habla Nietzsche, según la cual hay cierto tipo de verdades sólo reservadas a los espíritus mediocres o ingleses: Darwin, Stuart Mill. Frente a ellos, frente al plebeyismo de las ideas modernas o inglesas del Siglo de las Luces, estaría el aristocratismo francés del siglo XVII. Puede ser entonces que en España siga vigente una cierta hidalguía del espíritu, ociosa y deportiva, y que el moderador pertenezca a ella y sea por eso por lo que no desciende a aportar ideas ni a mancharse con el barro de los conflictos, sino que se ofrece como pauta a los demás.

Sí, ahí está: ejemplar, ocioso, eximio, veterano. Pacientemente sabe elegir el momento de su intervención, que es aquel en que los querellantes, agotados por la controversia, desfallecen por un momento. Entonces aparece, en toda su imponente talla civilizada, el moderador, y acallando las voces, sobre el palimpsesto del silencio, sólo se oye ya la suya: plomiza, estéril, triste, pero sensata e implacable.

Esperemos a que dos se enzarcen en cualquier discusión, no importa sobre qué. No tardará en surgir la figura borrosa y consternada que furtivamente se irá acercando al centro del diálogo. Todo en él es razonable y amistoso. Nadie lo ha reclamado, pero ahí está, con su vocabulario básico por todo bagaje. No entretiene, ni enseña, ni sugiere, ni afirma, ni niega: sólo modera, sólo se brinda en calidad de manso para devolver los toros al corral.

¿Existe esta figura o se trata, en suma, de uno de los tantos excesos de nuestra idiosincrasia, una invención de los fanáticos? Pero, en el caso remoto de que existiera, ¿de dónde le vendría ese vértigo a las ideas y a las divergencias de la realidad? ¿Y no ocurrirá que alguna vez serán ellos, los moderadores, los que tengan que crear los conflictos para poder luego apaciguarlos, como aquel bombero legendario que provocaba incendios para tener algo que apagar? Pero quizá también esto sea improbable. Porque quién sabe si no llegará el día en que, muertas las ideologías, haya más moderadores que polemistas, y si incluso no seguirán entonces moderando cuando ya no existan las disputas y sólo queden ellos: más razonables, inexistentes y ejemplares que nunca.

Un caso elemental de paranoia

En la oficina donde trabajo hay una mujer jovencísima, de ojos negros, que habla muy poco y que es extraordinariamente guapa. Considero que esa mujer es en gran parte un hallazgo mío, porque quizá yo sólo sé de su extrema juventud, de la insondable tiniebla de sus ojos, de su belleza perturbadora, de los muchos sigilos y sobreentendidos que arrastra su silencio. Habrá quien haya descubierto por separado alguno de esos dones, pero nunca todos a la vez, que eso es lo que de verdad la define y la convierte en un ser único, tan único y original que el mundo no sería el mismo si ella de pronto no existiera.

Habrá quienes crean que es mayor en edad, que sus ojos son sólo grises o castaños, que su voz susurrante y sus rubores de doncella se deben más a su torpeza que a su timidez, y otras calumnias de ese estilo. Pero sólo yo sé la verdad exacta, aunque secreta, de este asunto. A veces la miro como si fuese una invención personal mía: mi obra maestra, de la que ahora me toca disfrutar y sentirme orgulloso. Por un lado, me gustaría proclamar su belleza, despertar a la gente de la distracción o la ignorancia en que suele vivir, removerla de su profunda pereza estética, para que todos pudieran participar del prodigio que, estando ante sus ojos, son incapaces de ver o de intuir. Pero por otro lado prefiero callarme el secreto y reservármelo para mí solo. ¡Anda y que les den! ¡Y que cada cual se gestione con su propio sudor sus propias maravillas!

A veces la sigo por la calle. Al pasar bajo las farolas, ya de noche, la luz la encuadra un instante en una vitrina o en un charco de lluvia para mostrarla al observador como un objeto precioso, una rara joya perteneciente al tesoro real de un imperio ya extinto. Verla caminar en la oscuridad, adivinar su silueta entre los árboles, es un motivo incansable de asombro. ¡Ella y la oscuridad! Ella borrada por la noche. Ella y sus muchos dones devueltos de pronto a la imaginación, en peligro de desaparecer si yo no cuido de ellos, ovejitas descarriadas de las que sólo se oyen sus esquilas remotas, los tacones en la acera, el viento en su falda, el susurro andante de sus cabellos, los pasos muertos en el barro.

Pero también les diré que tengo miedo de que un día se eche novio, y de que sus cualidades pasen desapercibidas para el ser amado. ¿Quién sino yo sabrá percibir hasta la locura el mínimo temblor de sus labios cuando se queda absorta, la indolencia de sus manos pálidas y frágiles, el sobresalto de sus senos cuando un suspiro la conmueve, el presentimiento de su carne más íntima brillando apenas, como una fuentecita con musgo en la espesura más profunda del bosque? La vida casi siempre es injusta y cruel. Ganas me dan a veces de abandonarla, de no mirarla más, de dejarla que se convierta en lo que era cuando yo llegué aquí: una mujer anodina, charlatana y vulgar, como tantas otras. Igual que el artista que rompe su mejor obra en un sagrado arrebato de cólera. Porque yo la rescaté de la mediocridad y es muy cansado esto de que una mujer dependa tanto de ti y de que ella además ni lo sospeche. Como mucho, me dice: «Hola». Y yo le respondo: «Hola», pero un poco huraño, casi sin mirarla, que es lo que ella se merece, mi indiferencia, sobre todo cuando sonríe, tan juvenil, y le brillan los ojos negros y se queda en silencio, sin saber a quién le debe esos encantos, como si fueran suyos de nación, la muy tonta, sin sospechar que bastaría que yo cambiara de trabajo, o dejara la ciudad o la vida (cosa que no descarto), para que ella se esfumara de golpe, pluff, como las figuras y músicas de los sueños. Bastaría eso para que su belleza y su juventud se quedaran en nada, en ni siquiera la sombra de un recuerdo.

Ahora bien, lo que de verdad me gustaría es que también ella pensara de mí que soy único, irrepetible, la criatura más maravillosa del mundo, y entonces, ¡ah, entonces!, ¿para qué necesitaríamos la oficina, la ciudad, el país, el planeta, si nosotros solos nos bastaríamos y sobraríamos a nosotros mismos y no habría fantasía que no se hiciera realidad? Y es que, en cuestión de belleza femenina, me apresuro a suscribir apasionadamente las palabras de Proust: «Dejemos las mujeres hermosas para los hombres sin imaginación».

Seducción sobre un fondo otoñal

El profesor, que es un hombre maduro, casi crepuscular, tiene una alumna que se llama Clara. En el curso, a todos les gusta mucho hablar de temas trascendentes. Últimamente leyeron *El tío Vania*, y salió a discusión un asunto terrible, que es recurrente en Chéjov: ¿qué pasa cuando aparece la apatía sentimental y se pierde el ímpetu del amor y de la seducción? Si nos abandona la capacidad de emocionarnos, si se seca el manantial de donde brota la vida, ¿qué pasa entonces?

Todos tienen algo que decir de ese drama. Clara hace gestos, y a veces los resuelve en signos enfáticos de impotencia, porque no siempre logra convertir en palabras lo que le bulle en el pensamiento. Entonces sus ojos, y su boca entreabierta, revelan esa dulce experiencia de lo inexpresable. Clara es de un pueblo de Castilla; es muy bajita; tiene diecinueve años. Quizá por eso suspira mucho, como queriendo ser más alta. Sin ser especialmente guapa, resulta muy atractiva. Pero algo en ella sugiere que su belleza va a ser efímera, que es un don precario que no sobrevivirá a la juventud. Ella presiente acaso la decadencia prematura y por eso su quehacer más urgente, de momento, es reafirmarse en la belleza. Ahora o nunca: ése parece ser su lema. Triste y maravillosa tarea esa: la de una mujer que está en la frontera de la hermosura, continuamente en guerra con sus propios encantos.

Quizá por eso, para probar sus armas, juega de vez en cuando a seducir al profesor. Ese querer decir algo y quedarse en la elocuencia estatuaria del gesto, y dejar la boca entreabierta y los ojos entornados como en un ensueño, forman parte de los ensayos a que obliga el juego más antiguo del mundo. Desde la incertidumbre de la madurez, el profesor la ayuda en lo que puede. Al final de la clase, ella se las arregla para esperarlo, y él para acudir a la cita. Él le pregunta cómo estás, sólo eso, y ella comienza a hablar apasionada y entrecortadamente, y se mueve mucho, como si las palabras no fueran bastante y tuviera que recurrir a los gestos y, luego, a una especie de danza ritual expresiva. Le toca la mano al profesor, el brazo, el pecho, le habla y le toca como si sus manos fuesen una varita mágica, y continuamente pronuncia su nombre como evocándolo en un sueño, y él acepta la representación donde ella juega a ser espontánea, a tender –como Susana a los viejos– la antigua e infalible trampa de la inocencia, porque ella es sabia por instinto pero finge que no sabe nada de lo que está ocurriendo, y te toca, te nombra, suspira, se yergue con el suspiro para mostrarte su cara entregada soñadoramente a lo inefable y, de paso, la gracia rotunda de sus senos vivos, impetuosos, puro triunfo de la primavera, que es maliciosa a la vez que ingenua, y entre las insinuaciones del alma y las del cuerpo te va atrapando Clara en su red amorosa.

Tú la miras, sumiso, atento, desengañado en el fondo pero halagado también de que una criatura así intente seducirte, te elija para este juego primordial, pueda quizá abandonarse a tus brazos si tú tuvieras la convicción o la mera audacia para acoger toda esa gracia en crisis que no sabe cómo derramarse, ofrecerse, descansar al fin de tanta puesta en escena, de tanta inseguridad y tanta vocación de aventura folletinesca o virtual.

Pero tú asumes el papel de espectador, de aprendiz, te basta con eso, no quieres más, porque acaso cualquier concesión a la realidad rompería el encanto de este idilio cuyos placeres están no en la llegada, sino en la promesa, nunca cumplida pero tampoco nunca malograda, del viaje.

Luego se despiden tocándose la punta de los dedos. El profesor recuerda entonces a Chéjov, y mientras Clara se aleja, él oye brotar el manantial sagrado de la vida. Aún queda tiempo hasta el invierno.

II
Notas de actualidad

Embrujo de Madrid

Llega por fin el día en que nos toca rendir visita a un hospital. Van a hacernos un reconocimiento a fondo con material ultramoderno y, entre que la vida es de por sí frágil y uno padece de cierta hipocondría, ya al salir de casa nos ronda por un instante la sugestión de un presagio funesto. La clínica queda en las afueras, en una zona tranquila y arbolada donde el fragor urbano es sólo un sueño rumoroso, pero de momento tomamos un taxi y ya estamos en plena leonera, inmersos en esta ciudad en pie de guerra que es Madrid.

Madrid parece el juguete que alguien se complace en destripar con el mísero afán de ver la magia de su urdimbre. Todo es la misma maraña de zanjas, vallas, socavones, escombreras, taladradoras, bocinazos, atascos y zafarrancho general. Al cabo del tiempo, sin embargo, diríase que el caos está ya a punto de devenir diseño, e incluso santo y seña de la identidad que este lugar nunca tuvo ni necesitó. Así como Venecia ha encontrado la gloria en la decadencia de su propio esplendor, por este camino de regeneración apocalíptica Madrid podría llegar a convertirse en una Venecia condenada a destruirse y a renacer continuamente de sus propias entrañas, como un Ave Fénix o un Sísifo descomunal que el genio hispano ofrece a sus congéneres. Tomamos, pues, el taxi y, para rematar la confusión, el taxista tiene conectada la radio con una tertulia política, el volumen bien alto, y uno lee el periódico a la vez que escucha vagamente el guirigay de la polémica. Son voces campanudas, competentes, cargadas de razón en sí mismas, y ya en el tono, y hasta en los carraspeos previos, están anticipadas la autoridad y majeza del juicio. Allí donde no alcanzan los argumentos, la elocuencia no yerra. Y no importa si a veces uno se distrae o no entiende bien un parlamento, porque la línea melódica es bastante para captar matices de desdén, de escándalo, de suficiencia, de enojo, de sarcasmo, y no perder así el hilo del discurso. Dan ganas incluso de llevar con el pie el ritmo de esta especie de salsa doctrinal. Leemos el periódico, sufrimos por igual la furia moral y urbanística de la tertulia y de las calles trepidantes, y según dejamos atrás el mundanal ruido, tenemos la impresión de que las noticias y las opiniones van quedando también más y más lejos, hasta que finalmente, coincidiendo con el instante milagroso en que nos apeamos del taxi y oímos en el silencio nítido, como si se transparentaran, el canto de los pájaros, parecen ya irreales.

Ahora estamos en un hospital de la seguridad social. Hay mucha gente que va y viene, pero aquí todo se hace con lentitud y circunspección y, más que la actividad, lo que define el ambiente es la actitud unánime de sigilo y espera. En las antesalas, los pacientes aguardan sin prisa, y se entregan al tiempo con una aplicación que algo tiene de laboral. Apenas hablan entre ellos. Si acaso, intercambian un rápido cuchicheo, y otra vez vuelven a sus puestos y se concentra cada cual en lo suyo. En algunas caras, embelesadas al parecer en peripecias que ocurren en el vacío o en la memoria, hay una expresión de beatitud; en otras, sólo es legible el mero afán de permanencia. Viniendo del torbellino urbano, por momentos da la impresión de que esta gente ha sido tocada por una varita mágica y congelada ahí hasta que se cumpla el plazo secular en que habrán de retomar sus quehaceres en el punto exacto en que los sorprendió el encantamiento.

Yo deambulo por los pasillos buscando la primera sección donde tengo cita dentro de unos minutos. Me han dado una tarjetita de identidad y un volante con los horarios asignados y yo voy con ellos en la mano y de vez en cuando los enseño aquí y allá, como si fuesen talismanes. En la antesala de radiología hay muchos pacientes haciendo vez en filas de asientos funcionales, y por la actitud dócil y ensimismada parece que llevan esperando allí una eternidad. También a mí me dicen en una ventanilla que me siente y espere, que ya me avisarán. Yo sin embargo prefiero pasear por el breve espacio despejado que hay frente a los asientos, quizá con la esperanza supersticiosa de que así me llamarán antes. En el extremo de la primera fila hay dos hombres de mediana edad, vestidos con camisas negras, cazadoras de plástico y pantalones marrones de género, todo comprado quizá en mercadillos ambulantes. Uno de ellos sostiene en las rodillas a un niño todavía de chupete, que enseguida desorbita los ojos, me señala con el dedo y balbucea algo. Yo le sonrío y lo saludo con las cejas. El niño mira al hombre pidiendo explicaciones y el hombre le dice:

«Sí, ¿ves?, es un señor», y sus palabras suenan en el silencio muy claritas, y hasta un poco estentóreas. Todos me miran, y yo tengo de pronto la sensación de que estoy en un escenario y de que los otros son los espectadores que siguen atentamente desde sus butacas mi representación de paseante. Cada cinco pasos yo me doy la vuelta y ahí está el niño señalándome con el dedo, y en cada ronda yo me veo en la obligación de repetir ante el auditorio el gesto de complicidad, y el hombre dice: «¿Ves? Ahí está el señor». Y no parece que al niño se le vaya a acabar nunca el asombro de verme. De repente me invade un sentimiento de extrañeza y me veo a mí mismo de lejos, como en el teatro de Bertolt Brecht. Veo a un señor de cincuenta años que pasea por la antesala de un hospital y que, en efecto, no es más que eso: un señor cualquiera, que anda a lo suyo por el mundo.

Ahora el señor se sienta también y se aplica a la espera. Éstas son verdaderas salas de estar, donde el tiempo se colma de sentido en su propia y simple duración, y uno puede descansar del trabajo de ser y reencontrarse sin angustia con el absurdo esencial de la vida. Pero, según transcurre la mañana, al señor cualquiera le van entrando unos deseos cada vez más urgentes de marcharse de allí, de huir de ese silencio y de esa lentitud, y hasta cree percibir el latido remoto de la ciudad como una invitación y una promesa. Cuando el señor cualquiera sale del hospital, cinco horas más tarde, se siente ágil y animoso. Camina a toda prisa hacia el tumulto cada vez más cercano. Toma un taxi y allí está de nuevo en la radio la algarabía de una disputa deportiva. El taxista nos mira por el retrovisor y gruñe algo.

Creemos notar en su voz y en sus ojos un matiz de desprecio y hasta de desafío, que nosotros recibimos con gratitud, casi con emoción. Y ahora, ya estamos otra vez en pleno cisco: acelerones, bocinazos, zanjas, vallas, gritos, escombros, carreras, excavadoras, socavones, blasfemias y fragor infernal. Y en la radio se quitan la vez unos a otros y se monta una bronca de lo más jovial y alentadora.

Uno se recuesta entonces en el asiento y cierra los ojos para apurar la plenitud del instante. Definitivamente, nos gusta la vida, y no por otra cosa, quede claro, nos dejamos seducir de vez en cuando por el embrujo de Madrid.

Colapso informativo en la peluquería

Alcanzas una revista cualquiera, la abres al azar, y aparece a todo color una modelo que afirma en titulares que ella no se levanta de la cama por menos de 10.000 dólares diarios. Dejando a un lado el equívoco a que invita la frase, uno echa cuentas, al modo de Miguel Espinosa en *La fea burguesía*, y resulta que tal sería el salario de 200 obreros bien remunerados. En otras publicaciones periódicas de las muchas que se amontonan en la mesita de espera, sale un ministro, un intelectual, un profesional de algo, un mero gestor, y sus palabras aprendidas, sus dichos bien sonantes, yo los leo al trasluz de Espinosa, como si fuese él quien los inventara y extremara para mostrar la catadura estética y moral de una burguesía que sigue siendo irremediablemente fea. Aquí tenemos por ejemplo a unos niños cuya sabia inocencia en el hablar se nos ofrece reciclada en despropósitos, en chistes, en entretenimiento de sobremesa, en mercancía sentimental. Y hay un montaje con fotos de unos osos pardos a los que atribuyen palabras chispeantes y bailes y canciones de ultimísima moda.

Pero no es ésa la única información que nos llega. Estamos haciendo turno en una peluquería, y en la radio hay una tertulia donde unos cuantos sementales de la opinión están poniendo firmes a la actualidad, o mejor dicho varias tertulias, porque de vez en cuando el peluquero alarga el brazo y cambia de emisora. Ahora bien, cuando el dial se tropieza con música, él lo gira hasta que encuentra más carnaza verbal. Por lo demás, los que aguardamos turno somos tres pobres desgraciados que hemos caído en una red mediática y aquí nos debatimos rodeados de periódicos, revistas, tebeos, cuadernillos de publicidad, y de la radio infatigable.

Entre el tijereteo del peluquero y sus rachas de elocuencia, el pasar de las hojas de los lectores y el ruido que viene de la calle, las voces de la radio nos llegan confusas, a ratos con la letra y la música y más a menudo sólo con la música. Pero quizá de eso se trate: de crear un fondo sonoro, un hilo musical hecho con palabras que nos acompañe y distraiga mientras hacemos cualquier otra cosa, por ejemplo consumir aún más información. Así que parecemos tres malabaristas intentando seguir al tiempo la lectura de revistas y periódicos, el curso de varias tertulias, y los apartes críticos que intercalan aquí y allá el peluquero y su pelucando. Estamos, pues, sumidos en plena actualidad, anegados de información, pero nadie sabría decir exactamente qué está sacando en claro de estas noticias, cotilleos y debates. Por un lado es difícil concentrarse en la lectura con las voces de la radio al fondo, pero tampoco es fácil escuchar la radio con la cháchara del peluquero, los cambios de emisora y la tentación de las revistas, y aún menos averiguar lo que dice el peluquero con tantos frentes a los que atender.

Pero, por el tono, y alguna que otra frase que sale indemne del bullicio, uno se va impregnando vagamente de esta pasta verbal. Sale un tema al ruedo, no importa cuál sea, y ya está allí el maestro para la faena de recibo. Quien habla ahora lo hace con tal fluidez y cadencia que ya de por sí da gusto oírlo. A mí me recuerda a los antiguos viajantes de comercio, que iban y venían infatigables, y siempre optimistas y locuaces, y de los que se podía afirmar lo que dijo Thomas Mann después de escuchar una conferencia de Lukács: «Mientras hablaba, tenía razón». Uno, que es profesor, conoce algo de ese bel decir que nada dice pero persuade y hasta hipnotiza por el son. Se trata de una oratoria a la que no es ajena el púlpito, la tribuna política, la enjundia senequista del contador profesional de anécdotas, el pozo sin fondo del erudito de casino... Y sí, parece que en España sigue abundando como en sus buenos tiempos el sabio cuya ciencia es una especie de bazar colmado de baratijas y curiosidades. Allí hay de todo, y todo aparente, pero nada valioso. Allí el refrán castizo se codea con Hegel de igual a igual, con desenfado de compadres o de conmilitones. Estos españolazos tienen siempre una burla a punto, y esa jocosidad de perro viejo que, en un apuro, saca fiador a los hermanos Marx, o apela a la letra de autoridad de un tango o un bolero. Maestros de la elisión, de la alusión y de la ilusión, les basta con tres cáscaras de nuez, como los trileros, para escamotear la pelotita del concepto. Éstos no necesitan escuchar a Mozart: lo silban la mar de bien, y enriqueciéndolo con sus propios trinos.

De pronto hablan todos a voces y a la vez y se arma una melé dialéctica donde ya no se sabe quién es quién. Será que, como decía Proust, hay menos ideas que hombres, con lo cual ocurre que muchos han de compartir las mismas ideas y vivir hacinados en ellas. Tal es lo que parece a juzgar por esa gritería inextricable. Pero una voz indignada se impone sobre las demás: «¡Mira, a mí déjame de intelectualismos! Las cifras son las cifras, los muertos son los muertos y la corrupción es la corrupción». Así de claro. Hasta el peluquero ha suspendido la tijera en el aire y nos ha mirado como diciendo: éste no tiene pelos en la lengua. Se hace un gran silencio, tanto en la peluquería como en la radio, y a continuación otro orador se descuelga con un discurso de tanto sentido común que todos nos sentimos desmoralizados y derrotados de antemano. Por el soniquete se ve de lejos que, diga lo que diga, a este desheredado de la lógica nunca le va a faltar razón. Y es que en ese tono tan cauto y lleno de obviedades y carraspeos no se puede decir nada que no esté ya dicho y sea ya irrebatible. De la vida dice ahora que el proceso es así: uno nace, crece y finalmente muere, y lo dice humildemente, como si fuese una opinión suya y no quisiera ser dogmático. Se hace otra pausa escénica. Y es que una afirmación de este tipo, como los taburetes de tres patas, que siempre asientan, admite poca réplica. Como pasa con la lluvia, si te expones a ella, te mojas. Si no, quedas en seco. La peluquería toda parece un funeral.

Me enfrasco en otra revista. «Prohibido aburrirse», dice el anuncio de una telefonía. Esto me es familiar porque soy profesor y mi primera obligación es convertir el aula en una fiesta para que los muchachos no se aburran, aunque no aprendan nada. La actualidad sigue desfilando ante nosotros convertida en alegre logomaquia. Y ahora llega mi turno. Mientras me encamino hacia el sillón aprovisionado con un par de revistas, siento de pronto la necesidad purificadora de aburrirme. Y evoco por toda actualidad el silencio, y lo anhelo con la nostalgia inconsolable de los paraísos perdidos, o de las remotas florestas. «¿Sabe usted lo que opino yo sobre este último tema?», me dice el peluquero mientras me pone el babero. Yo abro al azar una revista e inclino la cerviz ante lo inevitable.

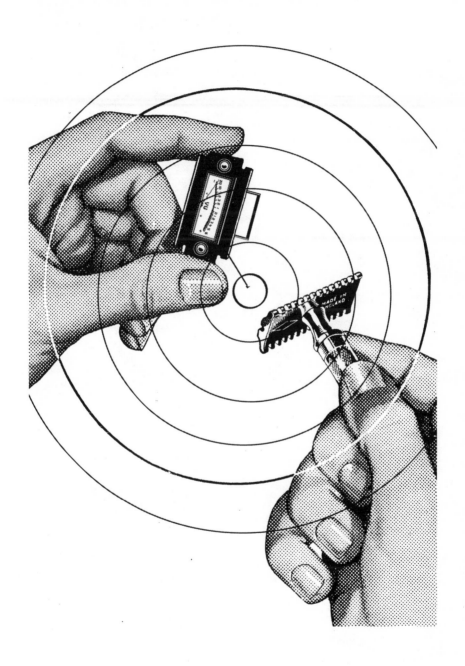

Actualidad de Kafka

Definitivamente, habrá que resignarse a la catástrofe de que Kafka sea el autor más emblemático de nuestro siglo. Hasta Harold Bloom, tan accidental y a la vez tan obvio en su escrutinio literario como puede serlo un frutero servicial y taimado al despachar un kilo de tomates, un poco a regañadientes se ha avenido también a situarlo en el centro del canon. No nos dice por qué, y tampoco nosotros le exigimos ninguna explicación. Al contrario: aceptamos la vieja falacia argumental de convertir un enigma en una evidencia, del mismo modo que tampoco esperamos que el enamorado desvele las razones que lo impulsaron a elegir a la persona amada entre otras muchas más bellas y graciosas. En el amor, en el arte, en la religión, en la publicidad, basta con los efectos, y en cuanto a las causas, damos por bueno o inevitable su escamoteo con la misma fe terrenal que nos inspira el «¡sin trampa ni cartón!» del prestidigitador al culminar su número de magia. Cuenta Borges que cierta tribu creía que sus hechiceros tenían el poder de transformarse en hormigas. «Un individuo que advirtió mi perplejidad me mostró un hormiguero, como si éste fuese una prueba.» ¿Por qué Kafka, por qué Julieta? Y Bloom y Romeo señalan con el dedo a Kafka o a Julieta, tal como Yavé se señala a sí mismo y declara: «Yo soy el que soy», o tal como el señor Aznar, preguntado sobre la causa de la buena marcha macroestructural de nuestra economía, en un arranque de majeza dialéctica, casi de desplante taurino, respondió: «El milagro soy yo». Pero, de un modo u otro, el caso es que ahí tenemos a Kafka convertido en el autor que (salvo que pase a engrosar la literatura fantástica, como ocurrió con Swift) acaso dé cuenta de nuestra época dentro de un par de siglos, si es que para entonces la literatura sigue dando cuenta de algo. De Kafka se ha dicho que es el creador de la pesadilla moderna. Naturalmente, intentar esclarecer la secreta elocuencia de una obra de arte resulta una tarea tan pretenciosa como inútil, pero basta abrir casi cualquier relato suyo para advertir que uno de los ingredientes fundamentales de esa pesadilla consiste en la confusión delirante entre lo público y lo privado.

A Joseph K. lo detienen una mañana. Él está aún en la cama cuando su habitación es allanada por dos funcionarios. Desde la ventana de un inmueble vecino, dos hombres y una anciana se incorporan a la escena en calidad de espectadores. «K. vivía, sin embargo, en un Estado constitucional. La paz reinaba en todas partes. Las leyes eran respetadas. ¿Quién se atrevía a arrojársele encima en su propia casa?» Al domingo siguiente, K. acude a la sala de justicia donde se le ha citado. El juicio se celebra en un piso que sirve de vivienda privada a un ujier. Durante la sesión, y a la vista de todos, la esposa del ujier es forzada por un estudiante de leyes que interrumpe el discurso de defensa del propio K. con el poderoso jadeo de su orgasmo. En otra escena, ese mismo estudiante carga con la mujer bajo el brazo para conducirla a las dependencias (¿públicas?, ¿privadas?) del juez de instrucción. Dentro de los pormenores de ese mismo proceso, el verdugo ejerce en el cuarto de escobas de un gran banco. En otra novela, alguien se convierte en un insecto y, como cuando se voltea una piedra, queda expuesto a la luz pública en toda su indefensa privacidad. En otra, K. y su novia (además de dos funcionarios que se han incorporado a la vida íntima de la pareja) se ven obligados a vivir en el aula de una escuela, de modo que los útiles pedagógicos (la mesa, los pupitres, los aparatos de gimnasia) son a la vez enseres domésticos, de la misma forma que un libro de leyes esconde bajo las tapas una novela pornográfica. Son tantos y tantos los ejemplos que podrían aportarse, que uno está tentado de pensar que ése es justamente el eje temático de muchos escritos de Kafka.

Estos episodios, que valen por sí mismos sin necesidad de interpretarlos (de empobrecerlos), vistos sin embargo al trasluz de la historia, nos ofrecen la vaga trama de un horror colectivo. Una de las más nobles y empeñosas aventuras ideológicas de nuestro tiempo consiste en la defensa de los derechos del individuo frente a la voracidad instintiva de los Estados. Llevamos dos siglos intentando encontrar un equilibrio entre ambos términos o, lo que es igual, intentando civilizar a nuestros gobernantes. Basta con hojear cualquier manual de historia contemporánea, o cualquier periódico del día, para saber que ese conflicto es poco menos que insoluble, y que si algo se parece a la tarea de Sísifo, no es tanto el viejo afán ilustrado de educar al pueblo como el de domesticar previamente al poder. De modo que el infierno terrenal que nos ofrece Kafka se inspira a menudo en la invasión (no violenta, sino sigilosa y reglamentaria y hasta razonada) de los poderes públicos en los ámbitos de lo privado. Tales son los monstruos que el sueño pervertido de la razón puede llegar a producir. A veces (y los que hemos vivido bajo una dictadura lo sabemos muy bien) no es necesario que esa intrusión se haga efectiva: basta sólo con el miedo a que tal cosa pueda ocurrir. Y es que quizá no hay nada más terrible que la mirada ceñuda del Estado cuando sale de su abstracción para fijar amenazadoramente los ojos en algún ciudadano. Como no podía ser menos, no hay más que echar un vistazo a los últimos cuatro o cinco años de la historia de nuestro país para resignarse a la catástrofe de que también aquí Kafka va convirtiéndose en el autor más emblemático del siglo. Aburre hacer siquiera una breve enumeración de la promiscuidad de lo público y lo privado que, de un modo sugerido o explícito, y con la complacencia, y a veces con la complicidad, de más de un medio de comunicación, y de muchos ciudadanos notables, nos abruma a diario. No estamos muy seguros de que tal proceso judicial o político no altere su curso durante una sobremesa de periodistas, jueces y fiscales; de que un vídeo con pasajes íntimos y escabrosos de algún mandatario no determine algún importante acontecer social; de que una alta decisión política no sea sino el trasfondo de un ajuste de cuentas; de que unas medias palabras no encubran en realidad una amenaza.

Alguien (y siento no conocer al autor porque el dicho lo merece) observaba que Kafka en México hubiera sido un autor costumbrista. Vagamente, en España está empezando a ocurrir tres cuartos de lo mismo. Tendremos que seguir intentando civilizar a nuestros gobernantes, como no podía ser menos en un país cuya infortunada historia ya todos conocemos.

T + T

La vida es así de despiadada, pero también así de misericordiosa: después de escuchar en la radio las últimas noticias sobre la posguerra en Irak (y de paso en España, porque también el clima de posguerra, como parte beligerante que somos, parece aquí definir gran parte de nuestro paisaje político), y con las imágenes de los últimos daños colaterales impresas aún en la memoria, uno tiene que concentrarse en un guión cinematográfico de Woody Allen, porque hoy toca hablar de esta obra en la clase de literatura.

Se trata de *Delitos y faltas*, y en ella aparece un personaje, Lester, un triunfador en artículos mediáticos de consumo, un enorme pijo neoyorquino (más o menos como los que dibuja Forges), que dice algo muy oportuno al caso: «Comedia es igual a tragedia más tiempo». O en lúcida forma matemática: $C = T + T$. Él mismo aporta un ejemplo: «La noche que mataron a Lincoln no era para tomarla a broma. No se podía hacer chistes con eso. Imposible. Pero ahora es distinto, ya ha pasado el tiempo, la cosa admite el humor. Eso es lo que quiero decir. Tragedia más tiempo».

$T + T$: ésta es la consigna. Teoría que, en efecto, se cumplirá en el propio guión, donde un hombre (honrado donde los haya) asesina a su amante para proteger su estatus familiar y profesional y, tras escenificar ritualmente los remordimientos, sólo necesita unos meses para olvidar y ser feliz sin mayores escrúpulos. Moraleja: la historia la escriben los vencedores. Ahí está si no para decirlo cínicamente otro personaje de la obra, May: «Si los nazis hubiesen ganado, las futuras generaciones entenderían la segunda guerra mundial de manera muy distinta».

La historia la escriben, pues, los vencedores, y estamos justo en el momento en que comienza a perfilarse la versión oficial de la última guerra. Es la hora de los escribanos. Los dueños de las bombas parecen exigir ser también los dueños del lenguaje, acaso porque el último y más preciado despojo del vencedor es la palabra. ¿Ganarán con ellas la posguerra? ¿Invadirán y tomarán la Realidad como hicieron antes con Irak? $T + T$: quizá sólo necesiten un poco de tiempo para hacer creíbles ciertos monstruos semánticos que hace bien poco parecían del todo inverosímiles. Recapitulemos: para casi todos, ésta fue una guerra ilegal, pero los que iban a vencer dijeron sin rubor que actuaban bajo el mandato de la ONU; ésta fue una guerra arbitraria, perfectamente evitable, pero ellos aseguran que fue justa y necesaria; ésta fue una guerra inmoral, inspirada en turbios intereses de poder, pero ellos sostienen que sólo les movieron ideales nobles y afanes altruistas; ésta fue sencillamente una guerra, pero algunos de ellos niegan incluso esta evidencia y hablan de «conflicto», de «graves consecuencias», de «movimiento de liberación». Oponerse a la contienda, según esta falacia sistemática, es defender a un dictador. Los muertos de hoy se neutralizan –números cantan– con los muertos de ayer.

Y es que en las guerras ocurre, en efecto, que las palabras, y con ellas el pensamiento, son los primeros caídos en combate. Véase si no con qué desenvoltura hablaban de paz y de legalidad los promotores y mantenedores de esta guerra. O cómo ahora andan intrigando para que Francia pase de héroe a villano en sólo unas semanas, y cómo aquí los populares intentan que los líderes de la oposición se despeñen por ese mismo derrotero, en tanto que ellos creen o fingen que su camino es justamente el inverso. Ya algunos incluso se coronan con laureles municipales en su marcha triunfal.

Cuidemos las palabras y cuidémonos de ellas, porque su poder es inmenso. Como nos recuerda Octavio Paz: «No sabemos en dónde empieza el mal, si en las palabras o en las cosas, pero cuando las palabras se corrompen y los significados se vuelven inciertos, el sentido de nuestros actos y de nuestras obras también es inseguro». Y no está mal en esta hora recordar al más grande y genial villano que nos ha dado la literatura: a Yago. Yago pervierte el lenguaje, y con palabras sediciosas envenena los oídos de Otelo y desencadena la tragedia. Con el poder de su elocuencia consigue convertir a Desdémona en una ramera, y a Otelo, en un asesino, y eso es lo que Shakespeare nos advierte entre líneas: tened cuidado con quienes corrompen el lenguaje, porque os están corrompiendo también a vosotros.

«Comedia es igual a tragedia más tiempo», dice Lester, pero sutilmente Woody Allen nos evoca a Edipo, que veinte años después de los hechos que originarán su caída, y siendo un vencedor que podría escribir a su modo la historia, prefiere la verdad a la falacia o al olvido. Edipo, hoy, es un ejemplo para quien sepa escuchar su lección.

T + *T*. Pronto, el 25-M, veremos cuánto tiempo necesita la conciencia para quedar absuelta, y cuánto para que la tragedia se quede sólo en esperpento.

Un héroe prematuro

Desde la demolición del Muro de Berlín me he preguntado más de una vez qué pensará de ello Josef Saadi, coronel que fue de la independencia argelina y actor de *La batalla de Argel*, de Pontecorbo, y que ya estará en la edad provecta en que acaso el destino le conceda una jubilación magnánima, cuyo alcance y sentido no acierto a imaginar. Es muy posible que siga viviendo en la misma lujosa quinta de Argel en que una noche de 1979 yo le pregunté cómo asumía su condición de héroe revolucionario, hijo iluminado de la Kasbah, que al cabo del tiempo, y con los ideales cumplidos, viene a engrosar la misma opulencia contra la que un día se levantó en armas, y por qué recovecos había llegado a aquella situación. Estábamos en la azotea, bajo la luna clara; habíamos bebido mucho, y todo invitaba a la levedad y al sarcasmo. Como a tantos otros, la incursión fulgurante en la vida pública le había devuelto, entre cínico y pastoril, a la privada. Me pareció que alardeaba de secretos indecibles, y que cada frase, y hasta cada pausa, escondía una reserva mental. Quizá por eso contestó que, después de la caída de Ben Bella, le habían marginado de toda tarea pública, que se había enriquecido limpiamente con su talento de narrador, pero que, de cualquier forma, y como se sentía en el fondo culpable de haber traicionado las viejas convicciones por las que más de una vez se había jugado la vida (y aquí se bajó los pantalones y exhibió un costurón de metralla que le atravesaba el vientre hasta la ingle), me respondería, a falta de mejor argumento, con un apólogo que le habían contado de niño.

En una escuela rusa, la maestra ordena a sus alumnos que compongan una breve historia de la que pueda extraerse una moraleja. Iván Ivanovich propone la siguiente: «Un día de invierno había en el campo un pajarillo que yacía muy quieto en la nieve porque estaba muriéndose de frío. Entonces pasó una vaca y le cagó encima, y con el calorcito, el pájaro revivió y empezó a moverse, pero con tan mala fortuna que un gato lo vio, lo sacó de allí y se lo comió».

«Pero ese cuento», dijo la maestra, «no tiene moraleja.» Iván Ivanovich replicó: «Claro que la tiene, y no una, sino tres: primera, no siempre quien te mete en la bosta es necesariamente tu enemigo; segunda, no siempre quien te saca de la bosta es necesariamente tu amigo, y tercera, cuando se está dentro de la bosta, lo mejor es no moverse».

Siempre he descreído de los argumentos morales o políticos que se acogen a la espesura literaria, ya que la ambigüedad, que en el arte puede ser una virtud, en el terreno de los conceptos reales suele entrañar casi siempre una trampa. Si se quiere probar A (idea de Estado y estadista, por ejemplo), se recurre a B (nave y piloto), con objeto de que éste ilumine y demuestre a aquél. Ahora bien, como advierte Pascal, se supone muy a la ligera que el término imaginario es el claro y el real es el oscuro. En rigor, el primero debería oscurecer aún más al segundo. Bastante complejo es ya de por sí el Estado para agregarle una nave, un piloto, un mar sereno o proceloso y un puerto acogedor. Por tanto, habría que exigir al alegorista que, a continuación, se inventase otra identidad para explicarnos el complicado mundo de la marinería, con lo cual entraríamos en un círculo interminable y tan falaz como la propia argumentación alegórica.

Me preguntó cómo había interpretado las moralejas. Yo le dije que, a mi entender, la verdadera bosta nutricia era precisamente el apólogo, en el que el héroe se escondía del gato de su propia conciencia. No recuerdo bien su réplica, pero sí que recitó un fragmento dramático que usó de exordio para proclamar que, de poder elegir papel en el drama reciente de la historia, no dudaría en adjudicarse el de Cordelia, la hija fiel de Lear. Añadió que, en su opinión, había dos maneras de héroes: el prematuro y el tardío. El primero es más común, y suele cobrarse los favores en la propia carne del ideal al que sirvió. Cualquiera, él mismo, podía ilustrar el caso. En cuanto al segundo, su figura es excepcional. Es aquel que, como Don Quijote, se destruye o agota en la ejecución de la proeza, y que, por tanto, no tiene ocasión de contrariarla. Y citó a Telo de Atenas, a quien Solón el sabio designó, ante el asombro del rey Creso, el hombre más feliz del mundo, pues después de llevar una vida mansa y honorable recibió de los dioses el privilegio de morir heroicamente en una guerra justa. A Saadi, sin embargo, el destino le había invertido los términos de la dicha.

Frente al ateniense, en él la redención precedía a la deshonra. Pero aún más elocuente de este tipo de héroe le parecía la figura del rey Lear, símbolo de todas las causas nobles que han sucumbido a la ambición y vileza de sus propios hijos. Es más: cifra de todas las utopías –literarias o filosóficas, pero siempre ficticias– que al intentar hacerse demasiado reales engendran la pesadilla de una descendencia atroz. Hitler o Stalin eran para él los hijos execrables de esos fabuladores regios que fueron Nietzsche o Hegel. En cuanto a él mismo, a Josef Saadi, le gustaría reservarse sólo el papel de Cordelia.

Desde entonces me he preguntado a veces –a falta de mejores instrumentos de análisis, e incurriendo en los amables riesgos de la alegoría– por el sentido del apólogo de Iván Ivanovich. Por ejemplo: ¿estará relacionado el pretendido fin de las ideologías con el tamaño y temperatura del albergue alimenticio? Es decir, ¿será cierto aquello que decía Adorno de que solucionado el primer impulso del hombre, que es el de la supervivencia, sólo queda luchar contra el tedio, yacer inmóvil, y naturalmente tolerante e inocuo, en el sopor de la abundancia? ¿Y qué ocurre con esos países que están enfangados en la bosta? ¿Habrán de seguir allí, inertes, acechados por el gato, que sólo espera un movimiento delator para merendárselos, a buen seguro que con el pretexto de rescatarlos de los miasmas? ¿Y quién es allí la vaca y quién el gato? ¿Y no habrá ocurrido, como sugiere Canetti, que la historia ha dejado en algún momento de ser real y habrá que encontrar ese punto en que hemos ingresado en la ficción hospitalaria y evasiva y repetir los años desde allí?

91

Ahora, con la demolición del Muro, me pregunto si Josef Saadi seguirá inmóvil en la bosta nutricia, como tantos otros, sufriendo su condición de héroe prematuro, oyendo bajo la tormenta los gritos enloquecidos del padre destronado y esperando quizá la ocasión que le permita un último gesto de dignidad, si es que ésta es ya posible.

Los libros invisibles

Todos hemos leído alguna vez libros que no existen, que no existirán nunca. Los recordamos sin embargo muy bien, con toda suerte de detalles, pues no en vano hemos asistido a su génesis y hasta colaborado modestamente en su composición. Aunque quizá sería más exacto decir que son libros que se han ido haciendo ellos solos a lo largo de nuestro ya viejo oficio de lectores infatigables de periódicos. Porque uno lee un libro y luego lo guarda, lo relee, lo recuerda. En cuanto a los periódicos, se leen, se tiran y se olvidan. Ahora bien, ¿será cierto que se olvidan así, sin apenas provecho para el conocimiento y la experiencia? ¿No ocurrirá que, secretamente (y la indagación de ese secreto es la materia de este artículo), los periódicos a veces se convierten en libros y de ese modo consiguen sobrevivir a la actualidad que los engendra y a la vez los devora? Si esto es así, podemos preguntarnos cuántas obras invisibles y por supuesto inéditas no habremos leído sin darnos cuenta, sin sospechar siquiera que sus fragmentos dispersos se ordenarían en libros como un rompecabezas mucho tiempo después. Y no me refiero, claro está, a los artículos de un autor que un día se recopilan y publican y entonces revelan la misteriosa unidad que ya tenían cuando aún carecían de ese orden, y ni siquiera aspiraban a él. No: hay otro tipo de libros invisibles, y de autoría entre plural y anónima, cuyos pasajes parecen morir para siempre con los periódicos del día, pero que en realidad están llamados a pervivir largo tiempo en el corazón de cada lector y acaso también en la memoria colectiva. Pongamos el ejemplo, ahora que la distancia lo permite, de una de esas obras inéditas que todos leímos entre 1990 y 1991. El tiempo la ha convertido ya en clásica. Se titula, por decir algo, *Los fantasmas del sur,* y trata sobre un crimen múltiple que se cometió en un pueblo de Extremadura llamado Puerto Hurraco. Durante muchos días estuvimos leyendo entregas de esa historia atroz. Entre todos los periódicos, se compuso un libro que nunca verá la luz y cuyo último capítulo quizá está aún por escribir. Aunque en apariencia farragoso, es en el fondo un libro muy coherente, y despachado con técnicas narrativas propias de su tiempo. Digamos que se trata de un relato fragmentario y sinfónico, contado retrospectivamente (la narración comienza muy avanzada ya la historia, en su punto álgido, y a partir de ahí se reconstruye el pasado), donde no faltan digresiones doctrinales (editoriales, artículos de opinión), simultaneidad (varias escenas mostraban entreverados los puntos de vista de los personajes y testigos del drama), diálogos, monólogos, descripción, material gráfico y televisivo, registros expresivos diversos, según las preferencias estéticas de cada periodista-narrador, etcétera. Se advertían influencias de Dostoievski, de Faulkner, de la objetividad extrema de Capote, del esperpento de Valle, de las truculencias de Cela, de la novela naturalista, y de tantos autores y tendencias como el curioso se proponga rastrear y encontrar en las hemerotecas.

Esa historia, que al principio fue sólo una noticia exacta y neutra, acabó convirtiéndose poco menos que en una novela, y como tal la leímos sin darnos cuenta en su momento, y así ha quedado fijada en la memoria. Es decir: como una ficción inspirada en un hecho real. Ficción es, por ejemplo, uno de los temas de fondo: la fatalidad del profundo sur; ficción es el tiempo, que concentra en unas pocas jornadas hechos que ocupan muchos años; ficción es la atmósfera de tragedia griega que algunos autores utilizaron como clave hermenéutica; ficción son también las hipótesis que se manejaron para llenar los vacíos de la historia, y las descripciones psicológicas que se hicieron de los personajes, emparentados de pronto con los más tremebundos héroes literarios. De ese modo, la noticia se fue alejando de su referente y se enriqueció hasta acabar pareciéndose mucho a una crónica novelada, donde la narración reclamó sus derechos de autonomía y donde los límites de la realidad objetiva se difuminaron y se confundieron con la imaginaria. Y llegó el momento en que lo que era real acabó acatando las leyes de lo meramente verosímil.

Y así ocurre que ahora, cuando recordamos aquel suceso, evocamos inevitablemente el modo en que nos fue contado y en que nosotros a la vez lo contamos en nuestros coloquios privados, y actualizamos las metáforas y demás imaginería que se puso en circulación, y las variantes narrativas que cada autor compuso para tratar de encontrarle un sentido a la historia. ¿Estamos entonces recordando no un hecho objetivo sino un espacio retórico ya más o menos clausurado donde ese hecho sólo puede ser percibido junto con su leyenda, un poco al modo de los viejos cantares de gesta, que difundían acuñadas ya en verso las noticias en que latían la historia y el destino de la comunidad?

Decía Benjamin, comentando a Karl Kraus, que el antiguo relato se ha sustituido por la información, y que ese cambio refleja el empobrecimiento progresivo de la experiencia, tanto la personal como la colectiva. «El lenguaje neutro de la información periodística, y la falta de conexión entre las noticias aisladas, paraliza la imaginación de los lectores», en tanto que en la narración «queda el signo del narrador, como la huella de la mano del alfarero sobre la vasija de arcilla».

Y es cierto que el hombre ha perdido en gran parte su vieja capacidad narrativa de siempre y, con ella, el arte y el hábito de recrear los hechos objetivos y escuetos, y de apropiarse imaginariamente de ellos y de incorporarlos así a su experiencia personal, lo cual no sólo aprovecha al conocimiento sino también a la memoria, pues todo cuanto se transforma en narración pide ser transmitido, y no se olvida nunca. Pero, de cualquier modo, somos fabuladores impenitentes, casi instintivos, y necesitamos convertir cada día la vida en relato, añadir a la verdad neutra de los periódicos las verdades hondas e intuitivas de nuestro corazón, y por eso seguiremos reescribiendo la actualidad, y guardándola y protegiéndola, como un tesoro de conocimiento que es, en libros invisibles.

Incertidumbres de un mariscal de café

Cuenta Herodoto que los persas discutían los asuntos más importantes en estado de sobriedad, y que luego volvían a debatirlos en estado de embriaguez. Si en ambos casos llegaban al mismo acuerdo, lo daban por bueno; si no, empezaban de nuevo. Pues bien, esas mismas alternativas de delirio y rigor son más o menos las que ha venido sufriendo un amigo mío desde que se inició la crisis del Golfo, sin que hasta el momento haya logrado un arreglo medianamente razonable. Al parecer, primero fue el reflejo condicionado, la indignada salivación cívica ante el gánster que de la noche a la mañana invade, destruye, amenaza, anexiona y secuestra, y que otro día aparece llamando a los pueblos a alistarse bajo las banderas de Alá. Luego, casi enseguida, empezó a recelar también de los países que, asumiendo gentilmente el papel de libertadores, se enrolaban bajo los estandartes del petróleo. Cumplió con todas las reflexiones a que obligaba el caso: el resurgir del Tercer Mundo, el fantasma del colonialismo, el tráfico de armas, la brutal desigualdad entre emires y árabes, la necesidad de mantener el orden internacional, los horrores de una crisis que se cobraría en los países pobres sus mejores víctimas...; en fin, exploró aquella encrucijada de intereses cuyo menor análisis desvelaba enseguida contradicciones insolubles. Estudió minuciosamente las palabras de los estadistas, sopesó las ventajas y riesgos de un ataque por aire o por tierra, evaluó las consecuencias del bloqueo, acompañó en sus giras a Arafat y a Husein de Jordania, sondeó el socavón económico que se avecinaba, aplicó la oreja a los conciliábulos de los estados. mayores, leyó casi todos los artículos, editoriales y crónicas de casi todos los periódicos, y finalmente se consideró un hombre informado capaz de emitir un juicio independiente, sólido y sensato. Ya se sabe: quien quiera lucir de intelectual ha de llevar listas algunas opiniones, del mismo modo que se suele portar algún dinero de bolsillo para pequeños gastos.

Cuando llegó el momento se unió al clamor de protesta que siguió al envío de tropas españolas al Golfo. ¿Qué se nos había perdido a nosotros allí?, se preguntaba. Pero muy pronto, a la razón sucedió la razón y al delirio sucedió el delirio, y contrarrestó aquella certeza con la hipótesis de que si gozamos todo el año de las ventajas del sistema sin preguntarnos mayormente hasta dónde hunde las raíces el bienestar para nutrirse y crecer, ¿a qué airear en este trance una moral que sólo surge como excepción? ¡Cómo! ¿Somos los mayordomos de los grandes señores, y ahora, de pronto, vamos a salir precipitadamente de la mansión para unirnos a los gritos plebeyos del otro lado de la verja? Y en ese caso, ¿qué papel haremos allí con nuestra librea, nuestro empaque, nuestros buenos modales? No, no, reflexionaba mi amigo, el Gobierno ha actuado coherentemente. Servilmente, se ha dicho; puede ser, pero si todo el año somos siervos en muchas cosas, ¿por qué ahora no habríamos también de serlo? ¿O es que vamos a creer de verdad que el Gobierno ha obrado a espaldas de los intereses del pueblo? Lo que ocurre, pensó, es que nos sonroja contribuir a una empresa moralmente dudosa, y para conjurar la vergüenza hemos elegido a nuestros gobernantes como chivo expiatorio. Con esto nos ha pasado como en el cuento de los dos pícaros que tejieron un paño mágico que cada cual fingía ver menos un negro, al que todos, por presumir de honra, se apresuraron a llamar hijo de mala madre. Pero, por otro lado, ¿por qué él, un honrado particular, habría de sentirse culpable o cómplice del sistema en el que le había tocado vivir? ¿Por qué habría de intentar comprender la realidad tal como es dictada y administrada desde arriba, donde al parecer hay razones que el sentido común no alcanza a penetrar?

Luego, según me cuenta ahora, hubo un momento en que empezó a sentirse incómodo con su propio saber. Ante todo le había resultado inquietante que los únicos que se habían permitido reír durante la crisis hubiesen sido los dueños de la invasión y del bloqueo: Sadam Husein y George Bush. Podría pensarse que de ese modo intentaban infundir ánimos a sus tropas, o sencillamente que los imperios tienen siempre un no sé qué de risueños y, en definitiva, de pueriles. Pero era el caso que los otros estadistas se habían abstenido del regocijo, al menos tan abiertamente, y entonces podía pensarse que la causa de esa seriedad, o de esa pesadumbre, no era otra que la de carecer de capacidad de decisión. Es más: en el intento de simular poder y de demostrar que ellos también deciden, algunos jefes de Gobierno han adoptado un aire demasiado solemne e importancioso para parecer verosímil. Y es que al poder, y a los dioses, se les reconoce a veces mejor por la risa que por la gravedad.

A partir de ahí, mi amigo cayó poco a poco en la cuenta del lamentable papel que él mismo estaba desempeñando como espectador. A falta de un saber auténtico (es decir, de un saber que suponga un poder, y que permita, por tanto, influir en la realidad, aunque sólo sea para hacer temblar un átomo de ella) se había limitado a utilizar la información para clasificar moralmente los hechos. Había colocado a los acontecimientos un rótulo, había distribuido los papeles del bueno, del malo, del cómplice, del tibio, del discreto y del voluntarioso. Y como ilustrando quizá esa confusión atolondrada que existe entre gobernantes y sociedad, entre Estados y pueblos, entre hombre y masa, e incluso entre víctimas y verdugos, he aquí que él había venido jugando a mariscal de café, a diplomático, a arbitrista, a zorro del desierto, a filósofo de la historia y, en fin, a remedar a los estrategas y a dispensar juicios que no le proporcionaban otro quebradero de cabeza que el de elegir las palabras y frases apropiadas. En su suficiencia moral se había convertido en empresario de una obra en la que él no tenía ni siquiera una mísera localidad de gallinero; y en su afán de sabiduría había ido a buscar la verdad de los hechos al mundo de los Estados, de la alta política, de las estrategias bélicas y del orden internacional. Pero aquélla, según me dice ahora, era una realidad inaprehensible, en la que las razones de unos y otros se contrarrestaban con argumentos siempre airosos. Si existía una verdad, por humilde que fuese, no debía de andar por aquellas regiones; si aspiraba a hacerse alguna pregunta esencial a la que él pudiera responder honestamente habría que ir a buscarla por algún otro rumbo. Y entonces descubrió y admitió la altivez e impotencia de su saber, y decidió analizar los hechos desde la consciencia de su propia incapacidad. Tal era acaso la única vía significativa de conocimiento que le concedía la historia. Tal vez su único o verdadero saber no consistiera tanto en recoger e indagar las migajas de información que nos llegan de lo alto como en medir, sondear y explorar la hondura y extensión de este enorme dolor que nos infligen los Estados. En vano era adentrarse por el laberinto económico y militar en cuyo centro acecha el monstruo de la crisis y quizá de la guerra. En cambio, con sentido común, probablemente sí pudiera hacerse algunas preguntas sencillas que estuvieran a la altura del lugar que él mismo ocupaba en el mundo: preguntarse, por ejemplo, cómo se van a calentar los iraquíes cuando llegue el invierno, o cuáles van a ser las desventuras de un marinero de La Rioja o un infante del Bronx: en fin, de todos esos miserables a los que nadie debería interrogar sobre su nacionalidad ni bajo qué bandera sufren. Su única y desdichada sapiencia era ante todo ésa: no descifrar las razones y sutilezas de los dueños de la historia –que las tendrán, y poderosas–, sino saber quiénes serán una vez más las víctimas y, llegado el momento, contarlas con el dedo. Ya que no podía alterar ni un átomo de la realidad, al menos iba a ser dueño de su propia indefensión, y a no convertir el conocimiento en el cotilleo de aquellos dos conejos que discutían sobre si sus perseguidores serían galgos o podencos.

Hay una escena en *Luces de bohemia* en la que una madre, con su hijo muerto en brazos, grita de dolor: único grito trágico en toda esa obra llena de sombras chinescas, títeres, chulos y fantoches. Los curiosos opinan sobre el suceso: «La autoridad también se hace el cargo», «Son desgracias inevitables para el restablecimiento del orden», «La madre no cumplió los toques de ordenanza», «El principio de autoridad es inexorable». Max Estrella exclama: «¡Jamás oí voz con esa cólera trágica!», a lo que el cínico de Don Latino responde: «Hay mucho de teatro». Max suplica: «Sácame de este círculo infernal».

Es cierto que a veces no sabemos ver con suficiente intensidad el dolor ajeno y que la tragedia de las gentes se desvanece tras el prestigio de la historia y de las razones de los Estados. Max podía también haber dicho con Juan de Mairena: «¿Necesitamos plañideras contra las guerras que se avecinan, madres desmelenadas con sus niños en brazos, gritando: "No más guerras"? Acaso tampoco servirían de mucho, porque no faltaría una voz imperativa, que no sería la de Sócrates, para mandar callar a esas mujeres: "Silencio, porque van a hablar los cañones"».

Me dice finalmente mi amigo (que se llama Carlos: no es ninguna ficción) que espera que nadie reclame con demasiado vigor la certeza de que ese sufrimiento abra la puerta de una esperanza de futuro.

Stendhal y Fabrizio

Desde hace unos dos años, desde que la historia ha puesto el mundo patas arriba y hay por todas partes un vasto y confuso rumor de mudanza (y ya decía Ramón Gómez de la Serna que tres mudanzas equivalen a un incendio), he elegido otra vez *La cartuja de Parma* como guía y valedor de algunas de mis más íntimas tribulaciones y certezas. Leí la inagotable novela de Stendhal unos meses antes de que los americanos llegaran a la Luna. Con el alma en vilo me fui adentrando en la escena en que Fabrizio asiste a la batalla de Waterloo. Corre hacia todas partes entre el humo y el polvo buscando su regimiento de húsares, oye el estruendo y la lejana gritería, estorba el cortejo del mariscal Ney, pasa a su lado Napoleón y no lo reconoce, ve sangre, muerte, campos que se ondulan por los impactos de la artillería, ve el triunfo y la derrota y, en fin, ve todo y no ve nada. Estuvo allí, en efecto, pero no sabría contar otra cosa que el asombro de no haber conseguido encontrar Waterloo en Waterloo. Aquella paradoja me recordó de inmediato a mi padre, que al igual que Fabrizio vino de una guerra sin saber muy bien lo que había ocurrido ni cuál era el papel que le había tocado representar en ella. Y eso mismo es lo que más o menos me pasaba por entonces a mí con mi propia vida.

Por esos años, en efecto, yo andaba obsesionado con la convicción de que mi vida carecía de argumento, de que mis días caóticos no formaban una narración progresiva capaz de ser contada a la luz de un orden, de una intención o de unos objetivos, sino un confuso tropel de peripecias insustanciales e incoherentes: algo así como si el río temporal de Heráclito se hubiese desmayado en un agua inconstante que no habría de hacer curso ni desembocar nunca en otro mar que no fuera el rutinario de la muerte. Estaba en mi vida como Fabrizio en Waterloo.

Aquel mismo verano de 1969, durante el mes de junio, yo había estado en el Festival Internacional de Cine de Moscú con un grupo flamenco encargado de amenizar la fiesta que la delegación española ofrecía a las demás. Allí había visto, a un metro de distancia, a Sofía Loren, y hasta había dado hacia ella unos pasos temerarios y finalmente insuficientes con la intención de sacarla a bailar, y había visto a Bréznev, y había hablado con algunos rusos de la invasión de Checoslovaquia, cuyo espectro moral afligía aún sus conciencias, y había intentado saber cómo era la vida en un régimen comunista, pero cuando regresé y quise contar algunas experiencias esenciales, advertí enseguida que una vez más me había ocurrido lo que a mi padre y a Fabrizio con sus guerras inescrutables. La única cosa cierta que podía aportar de mi estancia en Moscú eran unas muñecas, dos carretes de fotos y sobre todo la congoja de haber estado a punto de bailar con Sofía Loren, que fue el

Napoleón, más inalcanzable cuanto más cercano, de mi Water-loo moscovita.

Unos días después tuve de nuevo la oportunidad de reafir-marme en mi condición de náufrago existencial. Un hombre –un bailarín de edad madura que me había contratado de gui-tarrista para actuar en una sala de fiestas de Sitges durante la primera quincena de julio– me contó una noche la historia su-cinta de su vida. Entre otras cosas que he olvidado, aseguraba haber pasado armas de Estados Unidos a Cuba en las arcas de mimbre del *atrezzo*, y que en reconocimiento a sus servicios le invitaron al balcón presidencial desde el que Fidel Castro echó el primer discurso tras su entrada triunfal en La Habana. Y re-fería que Fidel preguntaba continuamente a alguien: «¿Voy bien, Camilo?», y que Camilo respondía: «Vas bien, Fidel». Yo lo escuchaba con pesadumbre, pero luego empecé a animarme con la esperanza de que acaso estuviera mintiendo: la brillan-tez de los episodios, la familiaridad con que hablaba de tierras remotas y de personajes sonados (Fidel Castro, Eisenhower, Rita Hayworth), el poco aprecio que me tenía a mí mismo como receptor de aquella historia singular, la fábula del mar al fondo, el hecho incluso de que el narrador usase bisoñé, todo eso me indujo a defenderme de la posible burla con una sonrisa exage-rada de indulgencia. El otro entonces cerró su relato con una frase que confirmó mi sospecha de encontrarme ante la visión alucinada de un charlatán profesional: «Creo que he bailado en el más grande escenario que puede imaginarse: el escenario de la historia. Quizá sea eso, más que mi arte, lo que me ha he-cho merecedor de figurar en las enciclopedias». Ya en Madrid, el siempre ávido escepticismo me condujo días después a una biblioteca. Y, en efecto, allí venía el narrador. Creo recordar que el Espasa adjunta incluso una foto de cuerpo entero, captado en un volatín de baile, y en el Larousse puede leerse: Iglesias (Roberto), y, entre otras cosas, enumera: «bailarín mexicano nacido en Guatemala (1926), formó pareja con Rosario, estudió pantomima con un profesor japonés, en 1956 formó compañía propia, actuó con frecuencia por Estados Unidos».

Ante aquel alarde argumental, pensé que yo nunca podría venir en una enciclopedia, aunque sólo fuese porque no había modo de juntar unas pocas líneas consecutivas sobre mi paso por el mundo. Pero también fue entonces cuando empecé a entender que, frente a la ficción, en la vida diaria y objetiva no podemos omitir el tiempo anodino, sino que lo tenemos que vivir todo, minuto a minuto, y que por eso el presente nos parece a menudo vulgar e irrelevante. Pero luego, cuando uno mira el pasado, entonces advierte una trama de episodios reveladores. El tiempo incoloro ha desaparecido, o hace las veces de un hilo invisible que urde figuras que sólo permiten ser distinguidas al final y de lejos. Así que el tiempo de la vida y el de la literatura o la memoria no es el mismo, y sólo hay que esperar a la madurez para darse cuenta de hasta qué punto nuestro pasado se nos aparece como escrito fatalmente en un libro de argumento hasta entonces borroso. Es decir: que uno empieza ejerciendo de Fabrizio y acaba por ser su propio y omnisciente Stendhal.

Pero en cuanto a mi relación con la historia, las cosas han ido justamente al revés. Hacia 1970, yo sabía más o menos (y no recuerdo que fuese sólo un espejismo) cómo avanzaba el relato por entregas de la actualidad, y hasta era capaz de vislumbrar los desenlaces parciales de algunos capítulos. Sin embargo, desde hace unos dos años, y a pesar de que nunca he leído tantos periódicos como ahora, ni nunca como ahora me he encontrado en apariencia tan en el centro geométrico de los hechos históricos, el caso es que, como me pasó en la juventud con mi vida privada, he perdido el hilo del cuento y que, al igual que Fabrizio, no acabo de entender el entramado general de la batalla que me envuelve.

Se preguntaba Lewis Carroll cómo se veía la luz de una vela cuando está apagada. Y Kafka, en *La condena,* escribe: «Siento el deseo de ver las cosas como son antes de que yo las vea». Y Virginia Woolf dice en *Al faro:* «Imagínese una mesa de cocina cuando no está usted ahí». Así que no es descabellado preguntarse cómo se verá este Waterloo fuera de Waterloo. Quizá algún Stendhal nos explique un día el argumento de esta historia. Entonces, del mismo modo que nos ocurre con nuestro pasado cuando lo rescatamos desde la lucidez de la memoria, sabremos al fin cómo se ve la luz de una vela cuando está apagada. Entretanto, a más de un analista de la historia no le vendría mal, aunque sólo fuese para añadir un poco de dramatismo a la perspectiva, ir releyendo *La cartuja de Parma.* A lo mejor descubre que por el momento no es Stendhal, sino sólo Fabrizio.

Ver y mirar

Peregrina uno, como cada verano, a algún santo lugar estético, y ya están allí los exégetas, cabeceando abrumados ante la panorámica. Hacen una antesala de solemnidad y enseguida se entregan a sus prosopopeyas: «Fijaos en la tonalidad tan cálida de aquel azul», «observad allí los reflejos del río, y cómo parecen una acuarela impresionista», «¿no notáis en torno como una espera pasiva, sólo rota por la tensión dinámica del camino y del río?», «¡qué luz!», «¡qué paz!», «¡qué cosa!». Por la tarde, uno vuelve a encontrarlos ante una catedral, comentando en directo la levedad de los pináculos y el horror iniciático de las gárgolas, y a partir de ahí, si alguien los sigue por el laberinto sonoro, los oirá disertar sin tropiezos, y con la misma grave competencia (cualquiera diría que también ellos pescan con volantas y redes pelágicas), sobre las propiedades del plutonio, sobre el radicalismo islámico, sobre Júpiter, sobre Cuba, sobre los fondos de reptiles, sobre el fin de la historia, sobre el folclor, sobre Dios. Son momentos de éxtasis, de exaltación gozosa de la identidad en estos tiempos en que el ejercicio de la opinión se ha convertido en culto y todo parecer es válido por el mero hecho de haber sido expuesto, como si su valor no dependiese de sí mismo, sino del acto de libertad de que orgullosamente es oriundo. Y aún sucederá que, cuanto más aparatosa e indiscreta sea la ocurrencia, más resaltará el fondo de libertad que la apadrina, con lo cual no hay necedad que no se beneficie supersticiosamente tanto de la nobleza de su cuna como del derecho propio de toda opinión a acogerse en último extremo a lo sagrado del relativismo.

Ya puede alguien razonar con buenos y bien hilados argumentos, que como el necio diga: «Ésa es sólo su opinión» (en el mismo tono en que podría decir: «Mi dinero es tan bueno como el suyo») las espadas quedan en alto como por arte de birlibirloque. Al igual que en el olimpismo, diríase que lo importante no es la calidad del juicio, sino el desenfado y el empeño que se ponga en el juego. O acaso ocurre como en aquel viejo chiste de Máximo que representaba una escena de esparcimiento campestre sobrevolada por un avión con una cola publicitaria donde se leía: «Domingo patrocinado por UCD». Con esa misma contundencia absurda podría acreditarse también cualquier lindeza: «Opinión patrocinada por la democracia y la libertad».

Este delirio de declaraciones y parlerías blindadas a uno le recuerdan inevitablemente aquella escena tan kafkiana en que Rossmann, el protagonista de *América*, observa desde un balcón el espectáculo, para él insólito, de un mitin electoral. «¿No quieres mirar a través de los gemelos?», le pregunta Brunelda. «Veo bastante», dijo Karl. «Pruébalo, pues», dijo ella, «así verás mejor.» «Tengo buena vista», respondió Karl; «lo veo todo.» Brunelda, sin embargo, no sólo le pone a Rossmann a la fuerza

113

los gemelos ante los ojos («Si no veo nada», se defiende él), sino que gira y gira el tornillo de enfoque, convencida de las grandes ventajas de su ofrecimiento. «¡No, no, no!», exclama Karl, pero como ella continúa obstinada en auxiliarlo, él decide fingir que se aplica los anteojos, mientras disimuladamente mira a la calle por debajo de ellos.

Uno piensa a veces que ése es un buen remedio para no perderle el hilo a la realidad, y no sólo ante los comentaristas del paisaje, sino también ante la legión de columnistas y hablistas que nos ofrecen cada día sus anteojeras para mejorar nuestra visión directa de las cosas. Como Rossmann, también yo digo: «No, no, tengo buena vista; lo veo todo», y atisbo por debajo de los impertinentes retóricos que me brinda el autor.

Esa escena de Kafka me trae a su vez a la memoria un pecio del último libro de Ferlosio, donde se distingue entre *ver* y *mirar*. *Ver* es un impulso puro y directo, casi animal, muy próximo a la acción, en tanto que *mirar* supone una actitud pasiva y analítica, de extrañamiento intelectual, por la que el campo, por ejemplo, se convierte en paisaje. A mí lo de *mirar* me sugiere cómicamente la táctica de echar un paso atrás y tomar esa distancia conjetural y asombradiza del detective que busca pistas en el escenario de un crimen o, como soy profesor, la del profesor avisado ante un poema, dispuestos ambos, perros viejos al fin, a no dejarse engatusar por la aparente inocencia de las palabras y las cosas.

Es sabido que los campesinos y los niños no tienen conciencia retórica de la naturaleza. Convertir el campo en paisaje y el poema en estruendo estilístico (que eso es, por cierto, lo que han conseguido los malditos comentarios de texto al uso) es uno de los objetivos de la pedagogía y acaso el logro más preciado por los tribunales que juzgan la destreza intelectual (o madurez, como también suele decirse) de los estudiantes.

Ese afán hermenéutico resalta especialmente cuando la vida irrumpe en los medios sin un salvoconducto ideológico que permita acuñarla en opinión. Son episodios cuya desnudez doctrinal los emplaza casi siempre en las secciones de sucesos, en calidad de anécdotas más o menos dramáticas sobre las que apenas nada puede decirse, nada añadirse al enigma de su propia y última elocuencia. Cuando la degollina de Puerto Hurraco, uno recuerda lo fino que tuvieron que hilar los editoriales y charlistas para encajar los hechos en el género de opinión, y cómo finalmente se resignaron a calzarles coturnos a los personajes y a invocar a esa musa de guardarropía que es la fatalidad del profundo sur. Y es que toda noticia de impacto ha de enmarcarse doctrinalmente, no siempre con el ánimo de esclarecerla, sino por la misma razón por la que los objetos de precio deben venderse con su estuche.

Pero uno sabe que, del mismo modo que el comentario no debe suplantar al texto ni el medio al mensaje, hay hechos que se entienden mejor viéndolos que mirándolos. Hechos que poseen la significación soberana y furiosa de su propio y simple acontecer y que, como en las buenas novelas, tienden a empobrecerse ante cualquier intromisión especulativa por parte del autor.

Quizá lo que está ocurriendo ahora en Cuba pueda venir al caso. Hay periodistas que parecen haber proyectado en su quehacer una secreta frustración de rectores políticos. Algunos, con impasible mentalidad de estadistas, no han dudado en pedir el bloqueo salvaje y total de la isla. Otros, luciendo de filósofos de la historia, se han abismado en análisis que se quiebran de tan sutiles. Otros han antepuesto su rencor ideológico a la mera piedad. Pero así como los bachilleres debieran aprender a asomarse al poema por debajo del cristal retórico que los profesores acostumbramos a ofrecerles, uno también a veces procura fisgar disimuladamente por debajo de las anteojeras de los exégetas y mandatarios para purificar los ojos y no olvidar que, por importantes que sean los designios de la alta política, lo más significativo está de momento en la desesperación de los que una vez más han de sufrir al monstruo de la historia.

Al fin y al cabo, no hace falta mucha perspicacia para reconocerlo: son los parias de siempre los que ahora se afanan alrededor de una balsa y, en otros tiempos y lugares, en torno a cualquiera de esos despojos y miserias que César Vallejo abrevió para siempre en un verso: el cadáver de un pan con dos cerillas. Quién sabe: quizá esa mirada inmadura nos ayude a comprender de golpe, con la misma precisión deslumbrante con la que el poeta sabe nombrar las cosas, las razones sencillas e infalibles del corazón, antes que las de los Estados.

III
Nostalgias

Casa de papel

A veces comienzo a despertar y, desde la duermevela, oigo los ruidos del inmueble y por unos momentos los confundo con la casa donde nací y pasé mi infancia. Voces lejanas, el chirriar de la garrucha del pozo, mínimas carreras de alarma en el desván, alguien que llega, se asoma a la puerta de la calle y grita: «¿Ave María Purísima?». Oigo la voz que se extiende por el zaguán, que es largo y ancho, abovedado, el suelo hecho con grandes lanchas de granito crudo, sin labrar. Se trata de una modesta casa de labranza, bastante grande, o muy grande, según se mire, con dos plantas, y otras dos para desvanes, patio, cuadra, corral, y todo rematado por un mirador, una atalaya desde donde se ve el horizonte hacia Cáceres, velado al fondo por una bruma cuyo perfil define apenas la Sierra de San Pedro. Del otro lado, un castillo, y poco más allá una extensión de dehesas y olivos, y campos de secano, y unas colinas de un azul muy oscuro que deben de pertenecer ya a Portugal. Mi pueblo se llama Alburquerque, y es un pueblo de frontera. Allí mismo, en el mirador, hay cuatro remates, uno en cada esquina, cuatro florones con un cierto empaque de ánforas romanas, cuyo ímpetu estético, de una ingenuidad que les permite ser solemnes sin ostentación, sinceramente enfáticos, delata bien la escuela estilística rayana. Quien hizo estos florones tenía fe en su arte y creía en la belleza. Y aún queda de ellos la alegría un poco infantil, un poco desaforada, y desde luego sin prejuicios, de los colores y las formas. Tienen vida, y con eso es bastante.

Allí nací y allí pasé mi infancia. Las dimensiones de la casa han quedado por tanto establecidas por la impresión de desmesura que me producía entonces, cuando era niño y estaba empezando a vivir y a descubrir el mundo desde la única pasión que no debiéramos perder nunca: el asombro. La casa es, pues, enorme. Todo cabe allí, y cualquier maravilla es posible. Se lanza uno a su conquista y sabe que nunca acabará de explorarla del todo. Los corredores, los patios, los desvanes. O los zócalos, de una estética entre moruna y portuguesa, marrones o rojizos, y donde había también un mundo que sólo los niños muy pequeños sabían de verdad encontrar. En el territorio de los zócalos había a veces restos de los tesoros que habían ido perdiendo los mayores. Una perra chica, un anillo de paloma mensajera, una piedra de mechero, un alfiler. También por ejemplo una araña que había tomado aquel camino en busca de fortuna. Había muchos viajeros en los zócalos y era un gusto seguirles los pasos y las vicisitudes. En invierno se enfangaban con la humedad y estaban solitarios y fríos, pero llegada la primavera, cuando la vida se pone en viaje, salían los insectos a conocer el mundo y a fundar sus negocios. Algunos se quedaban en las aspidistras, otros iban a los corrales, otros se pasaban la vida extraviados en el ir y venir y algunos morían de camino, porque siempre había caparachos secos, vacíos, y el menor viento aprovechaba –si uno sabía escuchar– para hacer allí su melodía. Uno entraba y se extraviaba en el laberinto de la casa siguiendo el hilo de Ariadna de los zócalos.

Luego, cuando me hice lector, era allí, en mi casa, que era ya la casa de la imaginación, donde situaba los espacios y las acciones de los libros. Allí murió Margarita Gautier; allí, en el patio, junto al jazminero, y en las noches serenas del verano, contaba Simbad la relación de sus viajes y prodigios; por ese portón falso salió don Quijote a hacerse caballero andante; y ahí, en esa cocina comunal, alrededor de la lumbre donde humean los pucheros y ronronea el gato, ahí estuvieron reunidos más de una vez los hermanos Karamazov. Casa de todos y de nadie, casa construida en segunda instancia por la fantasía, casa de la memoria, lugar donde el espíritu encuentra siempre un lugar seguro de acogida.

Casa también de los relatos y los chismes alrededor del fuego, en aquellos tiempos en que aún no existían para la clase media los espacios privados, y uno por tanto no podía irse con sus penas o sus alegrías a otra parte, sino que tenía que compartir con los otros su soledad y su silencio.

Casa con la que sueño a veces, cuyos rumores confundo alguna mañana desde la duermevela del presente. Casa adonde regreso todos los años para recorrer sus zaguanes, sus patios, sus profundas alcobas perfumadas de penumbra y de tiempo, sus desvanes, su mirador enmarcado entre cuatro florones que no han perdido ni un ápice la voluntad indestructible de ser bellos y proclamarlo al mundo, para sentarme allí a mirar a lo lejos, para decirme: «No, no es esto», porque ésta no es la casa de la realidad sino la casa de los sueños, y por eso la busco y no la encuentro, y tengo que alejarme de ella, sacar un cuaderno, escribir unas líneas para lograr evocarla como realmente es: un espacio imaginario, una construcción hecha de tiempo: casa en pretérito indefinido, laberinto de la memoria del que no hay hilo de Ariadna que nos pueda sacar.

Recuerdos de la frontera

No es extraño que una revista como *Espacio / Espaço Escrito* haya nacido en la frontera. Hojeando su último número –tan deslumbrante como todos–, leyendo una página en español y otra en portugués, he recordado los tiempos en que en la Extremadura fronteriza se daba la única forma de iberismo que no se agotaba en su propia retórica. Son recuerdos muy frágiles y demasiado nítidos y dóciles para no sospechar que empiezan ya a convertirse en ilusión, pero hace poco estuve por allí y visité algunos lugares donde aún quedan los ecos de aquel irrepetible suceso social. Y así, por ejemplo, a un lado del arroyo sigue existiendo el mismo caserío donde, como hace muchos años, se venden botas crudas, cerámica de Macao, comestibles, lámparas colgantes y relojes de pared y consola que exageran el lujo hasta la pesadilla, juegos de sábanas de algodón o franela, café y otra vez cerámica: ciervos heridos, galanterías neoclásicas, escenas pastoriles y encapuchados en papel de estraza, falos atléticos y descomunales, de un verismo tal que más parecen piezas de casquería que perendengues decorativos de carácter erótico. De la parte de acá, cruzando un puestecillo de tablas sueltas, otro caserío ofrece también sus mercancías: vajillas de *duralex*, repuestos automovilísticos, adelantos técnicos en general. A ambos lados hay perros tumbados al sol en medio de la calle, gallinas sueltas, mujeres de luto, niños pelones, alguna taberna de mostrador muy alto donde despachan quintos de cerveza y almejas chilenas. Como en todo lugar fronterizo, se habla poco, y lo demás se sobreentiende. Un viejo que toma el fresco bajo un níspero brinda su indiferencia como un modo de cortesía o de discreción. Es un gesto ya inútil, e incluso pretencioso, porque hace mucho tiempo que concluyó por aquí la edad de oro. Prueba de ello es que, en las afueras, a la sombra mezquina de una caseta de mezcla, tres guardias civiles hacen corro jugando a los chinos. Y más allá, también en decadencia, hay un complejo religioso con ermita de estilo colonial, merendero y dependencias anejas donde años atrás se expendían reliquias certificadas de la Virgen de Chandavila, que es como se llama a la que se apareció por aquí sobre una encina a tres niños pastores poco después de que lo hiciera en Fátima. Pero, bien por la expansión del escepticismo, bien por la crisis de la mentalidad rural o de la del mero contrabando, el caso es que en este emporio de la fe ya no se oyen bisbiseos de novenas, sino sólo, como un remedo, el rumor del aire entre los eucaliptos.

En los tiempos de esplendor, cuando al anochecer se apagaban las luces de los caseríos, del merendero y de los cirios, se encendía al cabo de un barbecho la candileja de un puticlub con techo de uralita, barra americana de aglomerado y música a cargo de un acordeonista que tocaba fados y pasodobles, y a cuyo son iban llegando a campo traviesa hombres con olor a chivo y a mecha de candil, vestidos de limpio y con algún ramito oloroso cogido al paso en el cintillo del sombrero. Pero hoy, en trance de extinción la vida campesina, ya no suena la música, y se ignora a qué marinos podría atraer a sus playas el reclamo de la candileja.

Toda esa vaga perspectiva urbanística se nombra El Marco, y es uno de los tantos lugares fronterizos donde en otro tiempo se desarrolló un tipo de vida del que hoy apenas quedan ya los rescoldos. A unos pocos kilómetros de allí, en una hondonada, está La Codosera, un pueblo de algo más de mil quinientos habitantes. Aún hacia 1950, en La Codosera se hablaba de día en español y de noche en portugués, o en portuñol, que es un castellano con tonada portuguesa y entreverado de palabras mestizas, de esas que a veces encontramos en el decir de Valle-Inclán. La noche era la hora de los negocios (café, azúcar, tabaco), y tanto los contrabandistas como los guardias civiles, que habían compartido mesa y baraja hasta el final de la tarde, con las primeras sombras se ajustaban unos el sombrero y otros los correajes y salían al campo a jugar por trochas y veredas a uno de los juegos más viejos del mundo: el de las fugas y asechanzas. La frontera hervía entonces de gente buscándose la vida, en esos años de miseria en que la vida consistía para muchos en ganarse, con ingenioso sudor, el sustento diario.

En aquella época, por ejemplo, por toda la Extremadura rayana podían verse aún cuadrillas de hombres con sacos a la espalda. Aparecían a finales de abril. Vestían pantalones estrechos, blusas flojas y un gorro alto y blando que, rematado en un madroño, se inclinaba en la punta airosamente. Todavía a mí me tocó conocerlos, y formaron parte de mis terrores infantiles, porque los niños creíamos entonces, alentados a veces por las madres, que aquellos hombres no eran otros que los auténticos sacamantecas. Los llamaban los ratiños, y tardé en enterarme de que no eran los camuñas, sino portugueses que venían huyendo del espectro del hambre. Se ofrecían sólo por la comida, aunque lo común es que se les pagase a tanto la fanega. Segaban habas en mayo, cebada y avena en junio, trigo en julio y agosto. Durante la guerra y los primeros años de la posguerra trabajaban de noche para burlar las leyes del racionamiento, y dormían allí mismo, en el corte, arrebujados en la manta que cada cual traía en el saco junto con la impedimenta personal. Por las mañanas les daban sopa de pan y tomate; a mediodía, garbanzos y tocino; para la cena, gazpacho, queso y suero. Los ratiños eran de tierra adentro, hablaban en portugués cerrado y al final del verano desaparecían hasta el próximo abril. A veces también venían mujeres, que las contrataban para deshierbar y que por no perder la blancura de carnes se hacían calzones con las enaguas, y usaban pañuelos muy ceñidos, con un nudo de pirata en la frente, y sombreros de paja de amplio vuelo.

Otra cosa eran los portugueses que se acomodaban por año en los cortijos fronterizos. Éstos eran los rayanos de verdad, y los que en día de libranza aparecían por las cantinas con sus trajes marrones de cutí, el chapeo terciado en un intento de dignidad más que de garbo, tratando a todo el mundo de vos, dueños de la sabiduría recóndita que proporciona el mestizaje y haciendo nostalgias del silencio e hidalguía de la necesidad.

Una de las últimas figuras de este retablo histórico se llama Maneli, y sigue siendo pastor, como lo ha sido siempre. Presume de ser el mejor pastor de toda la raya y de tener la mejor campanillería que por allí se ha conocido; es decir, que su rebaño suena mejor que cualquier otro. Se pasa las horas, en efecto, templando las esquilas con una lima para que cada una dé una música clara y distinta. Y cuenta que, combinando los graves y los agudos al andar presto o largo de los animales, y dirigiendo luego los movimientos del rebaño con maestría de pastor de orquesta, ha conseguido interpretar algunos compases de zarzuelas famosas. «Os pastores somos moito artistas», le gusta decir la noche del sábado, con un insólito vaso largo de licor en la mano, un rubio en la otra y la escarapela del sombrero guarnecida con una varita de lavanda. Maneli gasta aún una bicicleta alta y seria, que lleva decorada profusamente, como borrico en Domingo de Ramos, y que desentona en estos tiempos en que el que menos usa moto y muchos entran en las discotecas espoleándose las nalgas con llaves de automóviles que lucen pegatinas, rabos sintéticos de zorro, cristobalones, perritos cabeceantes, zuecos diminutos colgados del retrovisor y, en fin, todo ese derroche estético con que el pobre o el advenedizo finge y celebra la riqueza.

Y junto con los *arrayano*s, que eran gente más o menos estable, transitaban por los caminos de la frontera curanderos –que sanaban las fiebres tercianas con el aliento y un ensalmo–, zahoríes de aguas y metales, acordeonistas, violeros y otros muchos que hacían de la supervivencia un arte de cuyas obras ya no quedan noticias.

Sí ha permanecido, sin embargo, como peso mostrenco en la memoria, el monstruo bicéfalo del iberismo, que se reavivó por esas fechas. Iberismo es un artilugio político que con razón produce malestar ideológico. Suena a encuentro cortijero y ferroviario entre Franco y Salazar, a sobremesa de cacería, a bachillerato de posguerra, a la prosa cosmopolita y gaditana de José María Pemán. Pero, tras las nieblas retóricas, algo espontáneo y noble sobrevive de la vieja mentalidad *arrayana*. No es por eso extraño que sea precisamente en Badajoz donde haya aparecido *Espacio / Espaço Escrito*, quizá la mejor y más honda revista literaria hispano-portuguesa. El curioso encontrará allí páginas inéditas de Pessoa, de Julio Caro Baroja, de Saramago, de Carmen Martín Gaite, de Javier Pradera, de Assis Pacheco, de Aníbal Núñez, de José Ángel Valente, de Cesariny o de Llardent. He ahí un lujo insólito y silencioso de la periferia cultural. Tan silencioso e insólito como si fuese una reminiscencia de aquella vida fronteriza del contrabando, donde de día se hablaba en castellano, de noche en portugués y a cualquier hora en *portuñol*. Cosas así animan a pensar que entre Portugal y España puede haber algo más que el tedio diplomático o la vana y vieja facundia del iberismo.

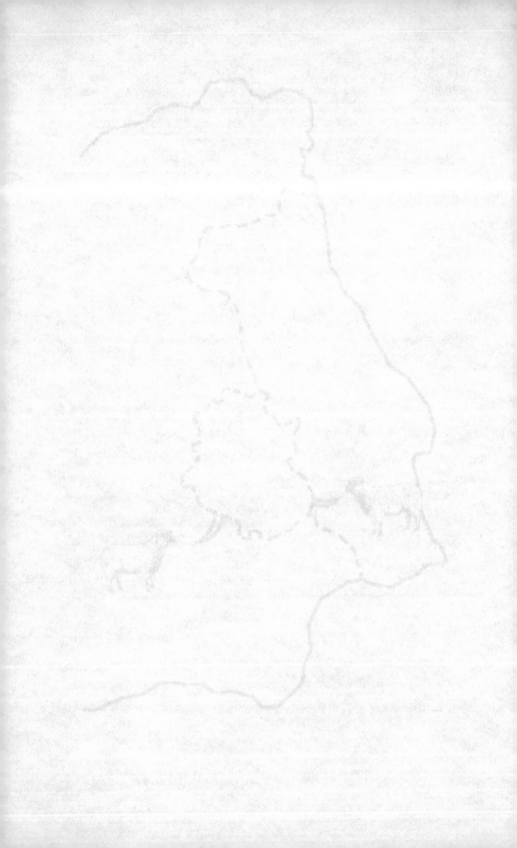

Abalorios

A los emigrantes que en España llegaron a las grandes ciudades hacia 1960 les ocurrió otro tanto que a los indios cuando los conquistadores arribaron a sus tierras, y así, recibieron los abalorios, espejitos y cascabeles correspondientes a la época industrial: un piso en el suburbio, algunos electrodomésticos, mesitas bajas de cristal, un pequeño automóvil los más afortunados, televisor, enciclopedia universal en fascículos; algunos cuadros de caballos ingleses y caza del ciervo con jauría; tresillo de legítimo escay y, como signo máximo de prestigio social, un carrito dorado para portar bebidas y exhibirlas. Se creó de este modo un tipo de miseria ornamental, una especie de parodia de lujo burgués que por un lado anunció y festejó el final de la lucha de clases y por otro contribuyó decisivamente al auge y divulgación del arte *kitsch*. No se trataba de la miseria de aquel hidalgo del Lazarillo, que sólo poseía un jarro de lata y un jergón sutil, sino que era por el contrario una carencia profusa, repleta de cachivaches: esto es, de las migajas, que entonces eran muchas, del gran banquete urbano e industrial.

Otros privilegios, obviamente, les estaban vedados. Por ejemplo, la dignidad. Si es cierto que los componentes de la dignidad social son el ocio y la riqueza, qué difícil lo tuvieron aquellos esforzados operarios que, después de diez horas de trabajo, más dos o tres de metro y camioneta, no disponían de otros accesorios honorables que la enciclopedia y el carrito. Con ellos encubrían el atributo de la dignidad que les faltaba, opuestamente al hidalgo, que ostentaba el ocio y fingía riqueza. Pero en ambos casos, y en muchos otros, como enseñan hasta los propios libros (Don Quijote, Julien Sorel, Lucien de Rubempré o Emma Bovary), la aventura social del menesteroso consiste casi siempre en toparse con un mundo de simulacros y apariencias, donde el progreso cultural y moral queda reservado a paladares más selectos.

Peor lo tuvo, en cuestión de apariencias, aunque más lucido, un guitarrista granadino y medio agitanado que emigró a París en 1975 y que, después de seis meses de estancia, aún no se había atrevido a cruzar el Sena para ver de cerca la torre Eiffel. Las razones eran que ese año hubo en Francia otro rebrote de racismo. Jóvenes con chupas de cuero y estacas deportivas, descendientes acaso de aquella casta guerrera y señorial que, a falta de mejores campos de batalla, ocupaban sus altos ocios en partidas de caza, salían en grupos al atardecer y batían los cotos parisienses en busca de ejemplares de razas menores y foráneas. Días antes del viaje, el granadino leyó en un periódico que acababan de tirar al Sena a un portugués y a un turco, y siendo él de ánimo asustadizo y muy mal nadador, con un miedo cerval a las aguas turbias y profundas, y unido todo ello a su aspecto fuertemente meridional, había decidido no acercarse al río y aun menos aventurarse por sus puentes. Y no sólo esto: apenas se atrevía a salir de su casa, y cuando lo hacía era únicamente por causas mayores; y siempre pegado a las paredes, la cabeza baja y el paso rápido y huidizo. Vivía aterrorizado, y sufría a menudo de pesadillas y aprensiones.

En el restaurante típico español en que trabajaba, su tarea central consistía en acompañar a un bailaor (hombre obstinado y torvo, de unos cincuenta años, y que al parecer últimamente ha sido visto con un templete portátil e idéntico repertorio en las puertas del Centro Pompidou) en un zapateado que duraba 45 minutos de reloj. Ejecutaba primero una breve introducción arpegiada, sobrevenían luego 40 minutos de taconeo sin música, y en el último tramo se incorporaba con rasgueos frenéticos hasta un final de apoteosis. En el largo intervalo, a las dos o las tres de la madrugada, solía amodorrarse el guitarrista bajo el calorcito de los focos, y cuando iba llegando el desenlace, el bailaor lo jaleaba con unos gritos de alerta. Una noche se durmió de verdad, y soñó (quizá porque el artista atleta lo salpicaba de sudor) que entraba en un puente del Sena y que un grupo de jóvenes, cortándole la retirada por ambas bocas, lo apresaban y lo lanzaban al abismo del río. Iban 25 minutos de zapateado cuando, de pronto, salió de la pesadilla gritando: «¡Cabrones, malajes, que yo no sé nadar!», y con el mismo impulso del pánico, huyendo de la asfixia, echó a correr, se fue de bruces contra el estupefacto bailaor y los dos rodaron manoteando por el suelo.

A partir de ese día, entre todos buscamos el modo de curarlo de su obsesión. Uno le enseñó a silbar *La marsellesa*, otro le enseñó frases francesas breves y castizas, de esas que se acomodan a cualquier situación, otro le recomendó a un peluque-

133

ro que habría de alisarle y aclararle los rizos, otro le aconsejó que fuese siempre con una máquina de fotos en bandolera para pasar por turista exótico, otro le recetó una crema facial de albayalde y yo le regalé un libro de Rousseau en lengua original que le sirviese de salvoconducto. Y así consiguió cruzar el Sena muchas veces y nadie lo importunó nunca por razones de raza, lengua o condición.

Ahora, una vez más, los malos vientos de la xenofobia y el racismo soplan por Europa, «nuestra casa común». Una vez más se observa que, a los primeros síntomas de crisis, la tolerancia y la fraternidad (esas hermosas ramas del viejo árbol de la Ilustración) tuercen el semblante, como si también ellas llevasen el disfraz de la apariencia y sólo se mostrasen propicias en tiempos de abundancia, y aquí y allá se alzan voces que reclaman la intervención de un providencial *cirujano de hierro*. Una corriente subterránea de irracionalismo vuelve a manar y se prepara para formar cauce ante el reajuste de mercados de la nueva, grande y tantas veces soberbia Europa.

Ante estos raptos de barbarie, que parecen ser parte de nuestro acervo económico-cultural, tanto el granadino disfrazado vagamente de ario como aquel emigrante que recomponía su dignidad arrastrando su carrito dorado, como esos filipinos, latinoamericanos o marroquíes que para sobrevivir tienen que hacerse socialmente invisibles, a uno le recuerdan, aunque sólo sea remotamente, aunque sólo sea por la tenacidad de las apariencias, a aquellos indios que bajaban a las minas de Potosí con un collar de vidrio y un espejito donde mirarse y reconocerse a la luz de las antorchas.

Tormenta de verano

El día en que clausuraron la Feria del Libro de Francfort, en esa misma ciudad molieron a palos a cuatro emigrantes turcos. Al igual que en el fútbol, alguien podría decir: «¿Que ha habido juego sucio? Sí, pero al final hemos ganado, y eso es lo que quedará para la historia», porque la feria en verdad resultó un éxito, y su alucinado gigantismo, unido luego al suceso de los turcos, a mí me recordó, inevitablemente, la única cosa parecida, magnificada además por la nostalgia, que yo había visto hasta esa fecha: la Feria del Campo que, con 350 pabellones y 4.000 expositores, se celebró en Madrid durante el verano de 1962.

Si no se trató de un espejismo, aquél fue, desde luego, un año prodigio en experiencias y acontecimientos. Uno juraría que todo sucedió ayer mismo, y cuenta con testimonios personales y testigos fiables para reafirmarse en tal hipótesis, pero debió de ser, en efecto, mucho antes, hace una eternidad, porque ya casi nadie quiere acordarse de aquel episodio de nuestra vecindad histórica, ni de cómo se fundó modernamente esta ciudad: cómo fue surgiendo de las cenizas todavía tibias de la posguerra hasta que, de la noche a la mañana, un poco al

135

modo de la fiebre del oro y los pioneros del Oeste, se pobló de emigrantes y se disgregó en barriadas, en suburbios, en rancherías de chabolas y en cortijadas residenciales, en Villaverdes y Majadahondas, hasta llegar a ser metrópoli de la colza, sede de la Conferencia de Paz, corte de la especulación inmobiliaria, capital cultural de Europa, ombligo del mundo y villorrio de la humillación y la miseria.

Por acordarse, ni siquiera Manuel (llamémosle así) se acuerda ya de aquello, pero todavía muchos de los que llegamos a Madrid en los años sesenta creemos recordar muy bien esta historia fundacional de maravillas y escarnios. Podríamos recitar sin tropiezos la letra pequeña de aquellas páginas borrosas de nuestro pasado colectivo, y asegurar, sin otro riesgo que el de haberlo soñado, que en la Feria del Campo de 1962 se presentó una gallina mecánica que hablaba para explicar cómo se ponía un huevo, y lo ponía («¡la puta!», decía en cada puesta Manuel, que no tendría entonces más de veinticinco años), y una vaca con una panza de plástico transparente para verla por dentro, y una casa de campo que funcionaba toda ella con un gas nuevo que se llamaba butano. Fue un verano ardiente, y Manuel andaba a la deriva, con un gorro chino de flan chino El Mandarín, incapaz de digerir de golpe tanto progreso junto. «¡La puta!», era lo único que su ofuscación le permitía decir. Y podríamos también jurar que asistimos atónitos a la difusión del leacril, del enkalene, del tervilor, de la formica y de la espuma de nailon. Que llorábamos con Sautier Casaseca, con el *Ustedes son formidables*, de Alberto Oliveras, y que reíamos con Gila y con El Zorro.

Y si no nos engaña la memoria, también aquél fue el año de la talidomida, del pantalón de pata de elefante, de la independencia de Argelia, de la ejecución de Adolf Eichman, del Concilio Vaticano II y, sobre todo, del bloqueo de Cuba. El bloqueo fue en octubre, y por todas partes se oía que iba a haber una guerra mundial. Cada 15 minutos emitían partes radiofónicos, y entre medias ponían la *Balada de la trompeta* o *Quiéreme muy fuerte*, de Paul Anka. Alrededor de la radio nos congregábamos más de veinte personas, porque en nuestra casa había siempre gente de paso que iba llegando del pueblo en trenes nocturnos de carbón, con maletas amarradas con cuerdas y la cara sucia de carbonilla, que permanecía allí tres o cuatro noches, y que luego continuaban unos hacia Barcelona, otros para Bilbao, y los más atrevidos para Alemania o Francia. Pero casi todos se quedaban en Madrid y enseguida se colocaban de albañiles o lavacoches, a la espera de un puesto fijo en una gran empresa, y a ser posible en Electrolux. Ignoro de dónde vendría aquella obsesión mítica, pero allí se hablaba a todas horas y en un tono reverencial de Electrolux: «¿Has echado ya la instancia para Electrolux?», «Pues dicen que a Fulano lo han admitido en Electrolux». Y Manuel era siempre el más animoso de todos, y el más alegre, y el que tenía una visión más optimista del futuro. Su gran ilusión era llegar a atiborrarse algún día de gambas a la gabardina, de berberechos, de calamares fritos, de langostinos, de escabeche y de todas las cosas buenas y caras que hay en este mundo. Y tendría también coche, televisión, tresillo, teléfono y nevera: «¡La puta!», decía, «¿por qué no puede ser?».

Los domingos, la casa era una fiesta, con toda aquella gente vestida de domingo y dispuesta a disfrutar de las ventajas que por todas partes ofrecía la ciudad. Unas veces íbamos a bañarnos al Jarama, otras tirábamos para el Rastro, y otras nos acercábamos por el rumbo de Alcorcón a ver si había avanzado mucho el piso que alguien (75.000 pesetas de entrada) se había comprado por allí. Durante horas mirábamos los cimientos y comentábamos lo que sería aquello cuando estuviese terminado. Y domingo a domingo y año a año vimos crecer los barrios, y llegó el día en que el horizonte era una interminable línea de bloques de ladrillos entre campos yermos y humear de vertederos y chamizos. «¡La puta!», decía Manuel, desbordado por el avance imparable del progreso.

Fue aquélla una época de temblorosas esperanzas, porque, frente a las miserias del secano y la mula, las migajas que caían del gran banquete urbano e industrial nos parecían las bodas de Camacho, y además siempre había algún prodigio al que atender. El 8 de noviembre, apenas resuelto el bloqueo, nos desplazamos cerca de casa, a la calle de Francisco Silvela, a ver de cerca el garaje donde el día anterior habían encerrado a Julián Grimau, tras detenerlo al bajar de un autobús. Nos admirábamos de estar allí, en el mismo sitio del que hablaban los periódicos, y nos sentíamos importantes y protagonistas de la actualidad. «¿Qué es un comunista?», le pregunté a Manuel. «¡La puta, pues no lo sé!», contestó él. Manuel trabajaba entonces en un taller de chapa y pintura, ganaba 30 pesetas diarias y no sabía lo que era un comunista. Juraríamos que aquel año el salario mínimo era de 36 pesetas, pero un obrero casado y con dos hijos necesitaba al menos 120 para sobrevivir con dignidad.

En 1962 hubo una huelga general, un estado de excepción y muchas inundaciones por toda España. Y, como luego supe, también ese año apareció *Tormenta de verano*, de Juan García Hortelano, a veinte duros el volumen. Y sí, en efecto, una tormenta o un sueño de verano, efímero y evanescente, fue aquella época de la que nadie quiere ya acordarse. Es cierto que a algunos les fue mal, y que sucumbieron a la colza, al alcoholismo, al paro o a la mera nostalgia; sin embargo, Manuel fue de los que prosperaron, como debe ser, y hoy tiene cincuenta y cinco años y todas las cosas razonables a las que aspiró en su juventud. Pero hace poco me contaron (y todavía no salgo del asombro) que ahora abandera una patrulla cívica, de esas que andan al atardecer a la caza del magrebí, del gitano o del yonqui. «¡La puta!», es lo único que acerté a decir en ese instante.

Así que en Francfort, no sé si por el espectáculo de los pabellones o por los turcos, me he acordado de él, y de la Feria del Campo, y del bloqueo de Cuba, y de aquellos tiempos en que llegamos a Madrid huyendo de la miseria en trenes nocturnos de carbón. En el caso de que aquello no haya sido un sueño, uno se atrevería a decir que sin memoria no podrá haber piedad para los desdichados, y que no hay barbarie que en última instancia no se origine en el olvido.

139

¿Se va el caimán?

De Franco tuve yo noticias alarmantes el día infantil en que una mujer atolondrada se puso a tararear sin querer en el corral de casa, y al ritmo de las faenas domésticas, la canción *Se va el caimán*. Mi madre apareció entonces como un rayo y la acalló con energía: «¿Qué quieres, que nos metan a todos en la cárcel?». «¿Quién es el caimán?», le pregunté a la cantante. «¡Ah, yo de política no quiero saber nada! Pregúntale a tu madre.» «Madre, ¿por qué no se puede cantar lo del caimán?» «¿A que todavía te ganas una torta?» Con el misterio de aquel caimán viví yo algún tiempo. «¿Tú sabes algo de un caimán?» «Yo, ni idea», contestaban algunos. Y otros: «¡Chssss! ¡Al caimán, ni mentarlo!». Mucho más tarde creí saber que aquella tonada, que al parecer aludía originalmente a Perón, pasó enseguida a España referida a Franco (o, mejor dicho, a ¡Franco!, porque ese nombre yo lo he conocido siempre exclamativo, o cuanto menos enfático), pero en aquellos tiempos yo no sabía quién era Perón, y ni siquiera tenía una idea clara de qué cosa era un caimán, así que me quedé boquiabierto cuando un amigo de escuela me dio con el codo y señaló un punto en la pared: «¡Ése es el caimán!», susurró, «¡el de la izquierda!».

A aquel caimán, en efecto, ya lo conocía yo por el retrato color sepia que había sobre la pizarra haciendo juego con otro de José Antonio, los dos con los contornos esfumados, como si el fotógrafo hubiese conseguido captar también el aire, y ambos con la vista hincada en lo que parecía un horizonte legendario. «¿Qué estarían contemplando aquellos dos hombres con tanta devoción?», me preguntaba yo intrigado. En medio, con la cabeza degollada sobre el pecho, y en contraste con la altivez de miras del caimán y del otro (que semejaban los dos ladrones de El Calvario, según un chiste de la época), había un crucifijo. Siempre era así: uno se encontraba con los tres en la estafeta de Correos, en el vestíbulo del ayuntamiento, en el cuartel de la guardia civil, en la casa parroquial, en el casino y en todos los lugares más o menos públicos. Era imposible imaginarse a uno sin los otros dos, y por eso yo acabé identificándolos con el misterio de la Trinidad del que nos hablaba el cura en las clases de doctrina. Y en casi todos los lugares, incluida la escuela, había también por esos años, aunque separado de la Trinidad, un cartel didáctico de colores donde se veía un conejo con mixomatosis en medio de un campo de violetas silvestres. A veces, optativamente, podía aparecer un calendario de abonos o explosivos, con alguna mujer ataviada de caza o de siega, con escopeta y perdices o con sombrero de paja y brazada de espigas, rubia o morena, pero siempre riendo y como absorta en aquella lejanía épica que ya había visto yo en los ojos de presa de los héroes.

La estética de los tiempos era muy de horizontes lejanos, y hasta los recién casados y los niños de primera comunión se retrataban como si estuviesen descubriendo una tierra o vislumbrando el porvenir. «Si miráis al Caudillo fijamente y sin parpadear durante dos minutos», nos había enseñado el maestro, «y luego lleváis los ojos a la pared, veréis que también allí, como un milagro, aparece su imagen.» Y era verdad: allí estaba, envuelto en una borrosa vibración de espejismo. Pero enseguida descubrimos que podía hacerse lo mismo con el conejo y con el calendario, con la ventaja de que el milagro se producía en color, y muy pronto alcanzamos tal maestría, que jugábamos a apoderarnos mentalmente de una imagen y a superponerla en otra, y si uno se obstinaba en el juego, llegaba un momento en que los ojos, fatigados y alucinados, reproducían en el aire a los tres, como una segunda Trinidad: el conejo, la mujer y el caimán. La memoria, contaminada inevitablemente por el cine neorrealista, rescata en blanco y negro el espíritu de aquellos tiempos, y ve a una tropa muy peladita de escolares haciendo turno bajo el retrato idealizado del prócer, cada cual con su vasito de plástico para la leche americana, el tirante del pantalón de pana cruzado a la espalda, el maestro y el cura presidiendo, solemnizados por el reparto de los dones, y con los ojos perdidos, claro está, en la leyenda del futuro.

Un día de 1959, ya en Madrid, lo vi de verdad. Fuimos todo el colegio a aclamarlo con banderitas de papel y lo vimos pasar junto a Einsenhower en el Rolls descapotable, saludando con una mano rígida y enguantada de blanco: me pareció un autómata que anduviese flojo de pilas. Pero también lo había visto por entonces en las estampas escolares, montado en un caballo blanco de príncipe justiciero, unas veces con manto real de armiño y otras envuelto en el oleaje de una enorme bandera nacional, y siempre con el rostro transfigurado por la alta tarea de rescatar a la patria del dragón. El caimán, el vidente, el autómata, el príncipe: ésas eran las imágenes contradictorias e infantiles que yo tuve de Franco.

Luego, ya en la adolescencia, supe que aquel hombre era sencillamente un dictador que habitaba un palacio cercano en medio de un encinar muy bien abastecido de caza mayor. Sin embargo, a mí aquel héroe, o aquel espantajo, me parecía tan inofensivo e irreal como verídicos e implacables eran los otros dictadores: mi padre, los capataces, los jefes de personal de los talleres, ultramarinos y oficinas en que trabajaba por entonces. De ellos me venían los sopapos diarios, y ellos eran los que propiciaban aquellos madrugones laborales que son una de las cicatrices que tengo en el alma para siempre. ¡Los amaneceres urbanos de los años sesenta! Cornetas de basurero sonando como alarmas portuarias entre las brumas industriales, hombres menudos con pelliza y peinados al agua, que tosían mucho y portaban sin gracia, como si fuese una herramienta, un atadijo con almuerzo, camionetas atestadas de gente sonámbula agarrada a los hierros, señores bajitos con bigotín sindicalista, curas de negro enterizo y zapatones de cadáver, chatarreros arreando el burro y cantando flamenco, y luego, enseguida, difusas perspectivas de solares, vertederos lunares, vías muertas, rebaños de ovejas y bloques de ladrillo.

Pero uno regresaba después al barrio, que era su verdadera y única patria por entonces, y se emancipaba de las inclemen-

143

cias de la realidad a través de un sueño hecho de cine, motos, poesía modernista, novelas leídas o radiadas, enamoramientos tremebundos, música y, por supuesto, la ronda hombruna de amigotes al filo del atardecer. Y uno iba oyendo hablar del dictador lejano e invisible, reuniendo piezas sueltas para su futura reconstrucción: se decía que por la parte de Ciudad Real tenía un cortijo de dehesas con más de mil guarros y casi otros tantos becerros charoleses. «Pues yo he oído que Galerías Preciados es de su mujer.» «A Franco», contaba otro, que lo sabía de muy buena tinta porque su padre era brigada de intendencia, «una granada le dejó maltrecha la virilidad.» «Pues, según parece, a tal tonadillera se la calza de vez en cuando en las cocheras del palacio.»

Y se hablaba en sordina, con ese miedo que llevábamos grabado a fuego desde la infancia junto con el terror al sacamantecas o al hombre del saco, y mirábamos alrededor porque Franco, como Dios, estaba en todas partes: se le podía encontrar en las miradas de halcón de algunos porteros y conserjes, en la prestancia siempre alerta de los policías, en la discreción con que cualquier ciudadano podía encubrir su condición de confidente o inspector de la secreta, y hasta en los profesores y guardias de tráfico, porque la autoridad, degradada en su origen, se fragmentaba y tendía a reproducirse miméticamente en peldaños más bajos. Y cuando al fin, de la mano de la tecnocracia, acudió finalmente a la cita Mister Marshall, fue como si también hubiese llegado el tecnicolor a la realidad.

Entonces supe que aquel espectro inverosímil había presidido también los madrugones y penumbras de mi adolescencia, y comprendí, casi de golpe, no sólo el barrio y mi tiempo existencial, sino el país y la época histórica en que había estado viviendo sin siquiera saberlo.

Comprendí que el caimán, el vidente, el autómata, el príncipe, todo eso, se reducía a una sola imagen: la del general que perpetuó y exaltó miserablemente el fantasma de la guerra que él había ganado para que nadie olvidase que la patria era su legítimo e indiscutible botín de guerra, el hombre que en ningún momento de su tiranía dejó de ser, más que un jefe de Estado, un general victorioso, del mismo modo que los vencidos no cesaron de ser los adversarios de trinchera, a los que había que seguir venciendo y humillando sin piedad y sin tregua. Enseñar la punta del látigo a sus súbditos desde las bardas del corral fue su mayor alarde de indulgencia.

Y, sin embargo, al cabo de los años, uno tiende a pensar que el franquismo se ha falseado, y que Franco empieza a pasar a la posteridad tal como él mismo había quizá previsto. Los años cuarenta y cincuenta pertenecen a los tiempos irreales de Maricastaña, y ya casi nadie quiere recordarlos. Y, en cuanto a los sesenta, se han idealizado puerilmente en eso que se ha dado en llamar la *década prodigiosa*. Diríase que el franquismo ha venido a quedar felizmente representado para muchos por la nostalgia de los Beatles, de Snoopy, del Mayo francés y del desarrollismo económico.

«¡Qué suerte tuviste de vivir esa época!», me dicen a veces los jóvenes de dieciocho o veinte años, y entonces uno se pregunta cómo es posible tamaño fraude histórico. Y sospecha que acaso haya gente que se ha cansado de la libertad, como del cónyuge gordo y tedioso de los chistes de Forges. O quizá sea que ya no se recuerda. «Las cosas no son como las vemos, sino como las recordamos», dijo Valle-Inclán. Y, en ese caso, ¿qué decir ahora, tantos años después, del centinela de Occidente, de aquel hombre lúcido que nos salvó de la República, que previó y combatió el infierno del marxismo y que luego, durante siete lustros, manejó con pulso firme la nave del Estado hacia las aguas de la paz, de la concordia y del progreso? Él mismo aseguró que sólo era responsable ante Dios y ante la historia, y debía de tener razón, porque murió en su cama y los hombres, en efecto, no han osado juzgarlo. Se invocan heridas que no deben abrirse, se justifica, se comprende, se acepta, se cabecea mucho, se exalta el futuro para no mirar atrás, se abren los brazos concesivamente, se le da de sí a la tolerancia para que en ella quepan la resignación y el escepticismo, y tal vez el miedo, porque quizá la verdad nos hace daño, o nos avergüenza o nos ensucia. Uno tiene finalmente la impresión de haber regresado a los tiempos idílicos de la infancia, cuando Franco (¡Franco!) era el príncipe matador de dragones, que venía a rescatar a la doncella, y a desposarla en su castillo para 40 años de dicha conyugal. Vivir para ver.

Atardecer en el barrio de Prosperidad

Quizá nunca hasta hoy la visión rutinaria del atardecer me ha producido una sensación tan indómita de extrañamiento, algo así como si ese modesto esplendor en los tejados de la casa de enfrente me ofreciera un enigma complementario, o una prolongación sentimental, del libro que acabo de leer. Y aunque bien es verdad que cuatro horas intensas de lectura arman los sentidos de tal modo que las cosas diarias se nos aparecen luego con un aire apasionado de novedad o de espejismo, sin embargo, la invitación al asombro de este atardecer debe de tener un origen más íntimo y también más confuso. Porque el libro se titula *La Rive Gauche*, de Herbert Lottman (Tusquets Editores), y en sus páginas he vuelto a encontrarme con él, con quien fuera «el conferenciante más aplaudido del mundo» y el «huésped más buscado por los príncipes», según leemos en la elegía que se publicó en *Abc* días después de su muerte. Como ocurre en los sueños, donde las figuras familiares, sin dejar de ser ellas mismas, adquieren al tiempo un aire desconsolado de extranjeros, cuesta aceptar que este hombre, este Abel Bonnard que aparece en los libros, sea el mismo que yo conocí en 1965. Y sí, algo de ficción y de sueño hay en él, y no sólo porque, antes

149

que la imaginación, la loca de la casa suele ser la memoria, sino también por los datos objetivos de su aventura personal. Que un miembro de la Academia Francesa, de la que llegó a ser decano, que ya antes fue saludado en los salones literarios de París como un nuevo Voltaire, que se codeó de igual a igual en las tertulias con Claudel, Malraux y Maurois, que lució luego de ministro con Pétain, venga a acabar sus días en una modesta pensión del barrio madrileño de Prosperidad, produce ese tipo de asombro o de pintoresquismo que uno relaciona inevitablemente con la literatura.

Había rebasado ya por entonces los ochenta años y, en efecto, vivía de pensión en el tercer piso de nuestro mismo inmueble; donde ocupaba dos habitaciones, una que le servía de dormitorio (la misma donde había vivido hasta entonces Francisco Regueiro, el director de cine, a quien recuerdo pobre y elegante, y precursoramente calvo, haciendo cola entre la chiquillería para la sesión doble del cine López de Hoyos), y otra para despacho y biblioteca. «Ese señor francés es un gran hombre, una celebridad del mundo de la política y de la cultura», me habían advertido algunos vecinos con el susurro apasionado de los secretos que no conviene difundir. Y yo lo veía a veces salir o entrar en casa, o caminar un poco por el barrio, vestido siempre con un academicismo excéntrico ya para la época: trajes oscuros con chaleco, corbata, pañuelito de adorno en el bolsillo, sombrero, lentes eruditos, y algún otro detalle en esa línea de discreción clásica. Y así, como un clásico, nos lo presentan algunos de los que lo trataron, Ernst Jünger entre otros, y un sentimiento similar de armonía o de tersura sugieren los títulos de los libros que compuso: *La vida amorosa de Stendhal, De la amistad, Elogio de la ignorancia, San Francisco de Asís, Los moderados.* Títulos que parecen de algún autor apócrifo y ejemplar inventado por Borges, pero que a mí también me traen el son ostentosamente civilizado con que cierta derecha se disfraza a veces, tanto para ocultar innombrables afanes como para mejor poder acusar de nuevos bárbaros a sus oponentes ideológicos.

Pocos ejercicios intelectuales hay quizá tan desconcertantes como analizar los recuerdos personales a la luz, casi siempre tardía, de la memoria histórica. «Tan cultivado, como los más grandes del siglo XVIII, tan gracioso, no menos lúcido», «un solo gesto le habría restaurado en el trono del *esprit* de París», «más que en ironía las contrariedades lo habían enriquecido en serenidad», leemos en la elegía de *Abc,* una doble página de huecograbado al dorso de la cual vienen anuncios de «urbanizaciones de fábula» (Puente del Fresno, Parquelagos), una fotografía de Luis Aguilé en la presentación del tema de verano *El sol español,* muy joven él, muy galán, besando la mano de Miss Mundo, otra de Françoise Hardy luciendo un traje de Paco Rabanne valorado en 170 millones de pesetas..., y todo ello (elegía, noticias y anuncios) fechado en mayo del 68, para que así veamos que no todo en ese mes de entonces fueron estampidas y proclamas estudiantiles y que también hubo otros sucesos dignos de mención, y con no menos vocación ficticia que los más renombrados.

Pero la memoria personal lo rescata en este instante confundido de pronto con la imagen de los sabios atómicos de los tebeos, sobre todo cuando yo subía al tercero a ver la televisión (galas del sábado noche, Festival de Eurovisión, eventos deportivos) y a veces entreabría la puerta él, envuelto ahora en una bata como de enfermo crónico, las canillas al aire, y convertido en un anciano frágil y huraño, la piel translúcida y el pelo blanco como inflamado por el vértigo. Gruñía débilmente, y me despachaba con un temblor de contrariedad, pero que en el fondo era sólo de miedo, porque aquel gran hombre temía que alguien llegara a asesinarlo a través del laberinto del pasado (quizá algún emisario de De Gaulle, «aquel enano inmenso», como le llamó en su día), y por eso a la hora de comer se revestía de poderes sobrenaturales para suspender sobre el plato un péndulo de metal que no sólo le servía para prevenir posibles envenenamientos, sino para cualquier otro tipo de augurios.

Mientras avanzo en el libro y en la evocación, la tarde va cayendo y yo me lo imagino también a él sentado junto a una ventana que da a un gran patio de luz abierto hacia un baldío, ahuyentando o convocando al ritmo del péndulo a los fantasmas del pasado y viendo el humilde atardecer, con tejados y gatos, del barrio de Prosperidad. Siendo, como es, un gran hombre, además de «delicado y refinado», según sustenta la elegía, tendrá también grandes cosas que recordar. Quizá cómo a los veintidós años ganó el Gran Premio Nacional de Poesía y entró de golpe en el Parnaso de los elegidos, o quizá cómo después de la guerra lo condenaron a muerte y le conmutaron la pena por diez años de destierro, o acaso su peregrinar, que ya sería definitivo, por pensiones de España inevitablemente galdosianas.

152

Pero cuánto camino mediará entre estos hechos. El 26 de abril de 1943, Ernst Jünger cena con él, y al día siguiente anota en su diario *(Radiaciones 2,* Tusquets Editores)*:* «Abel Bonnard encarna de manera excelente una especie de espiritualidad positivista que está extinguiéndose». El 30 de agosto de ese mismo año, en otra cena, los dos insignes hablan sobre los «viajes por mar, los peces voladores y los argonautas». Jünger se pregunta: «¿Por qué un hombre tan clarividente como Bonnard se mete en política?». En mayo del 44, Jünger confiesa admirar en Bonnard «el orden y la precisión de sus pensamientos, su ingenio volteriano». Firma un manifiesto de apoyo a Mussolini cuando la invasión de Etiopía, firma otro de apoyo a Franco tras el bombardeo de Gernika: noticias sueltas, casi rutinarias, que poco añaden a una biografía cuya elocuencia, orden, precisión e ingenio no exigen de mayores elucidaciones.

Pero de pronto pienso que, en ese atardecer imaginario de hace tantos años, yo debía de estar en un cuarto simétrico del primer piso leyendo acaloradamente a Juan Ramón. Hay ciertos conceptos del platonismo que, antes que en los libros, son sentimientos que aparecen espontáneamente en la adolescencia. Como casi todos, yo pensaba entonces que el camino hacia la belleza lleva inevitablemente también a la bondad. Como todos, luego descubrí con horror que se puede ser un gran poeta a la vez que un perfecto canalla. O que se puede leer a Rilke (y *bien leído,* como subraya Steiner) tras despachar a una partida de judíos en una cámara de gas. Pero ahora sé que el temblor y el asombro que me ha producido la visión del atardecer al otro lado de la calle proviene no tanto del libro de

Lottman (donde precisamente se historian las relaciones entre los artistas y el poder) como de la convicción de entonces, hoy revalidada pese a tanto oprobio, de que la buena literatura, o la buena música, además de fuentes de placer, son invitaciones secretas, en el buen sentido de la palabra si se quiere, a la bondad. «Asombrarse es empezar a entender», decía Ortega recordando a Platón, y acaso es verdad que no haya páginas más comprometidas que las de esos escritores que, como Manuel Vicent o Muñoz Molina, al contar sus experiencias ante una ensalada mediterránea o ante el color de un cuadro, están finalmente educando nuestra sensibilidad y disciplinando nuestro asombro. En estos tiempos en que esas dos afecciones están como embotadas por el mal gusto y el gran volumen de información rutinaria o innoble que circula por nuestra sociedad, quizá la percepción de la belleza pueda ser más que nunca un acto revolucionario.

Ahora ya es de noche, y yo recuerdo intensamente la última luz del día en los tejados de ayer y de hoy para que su encanto sin alarde me acompañe ya siempre, y me defienda de la tentación de ser un canalla cuando me llegue la ocasión. Que la belleza nos preserve del mal. Amén.

Las plazas, o la escritura borrosa

En casi todas las plazas españolas hay o ha habido grupos de ociosos que, sentados en hilera en algún pretil o banco corrido de piedra, se dedican a estar allí, mirando alrededor y meciendo en el aire los pies. Uno no necesita verles la cara para detectar las pequeñas anomalías que se producen en la vida diaria del entorno; basta con vigilar los pies. Si se mueven, es que algo excepcional está ocurriendo, y tanto más excepcional cuanto más vivo sea el vaivén; si enseguida vuelven a pararse, es que se trata de una falsa alarma. Y así pasan las horas, los años y los siglos. Si uno observa los asientos de piedra de nuestras plazas, encontrará una franja erosionada y sucia que, a manera de bajorrelieve, registra la crónica ilegible de nuestra historia cotidiana. Como el viento o la lluvia, el pueblo ha ido escribiendo y reescribiendo sobre el mismo renglón el enigma geológico de su propio pasado. Algaradas, crímenes, alzas de precios, pestes, episodios de navegantes, santos y cornudos, bandos y pregones, tedios y anhelos, todo ha quedado allí esculpido como notas a pie de página o réplica burlesca del claro discurso histórico que, al lado, nos confía otro escribano. Porque, en efecto, cerca del banco, con más hilazón y facundia, una estatua, una escalinata, el tritón de una fuente, el atrio o la picota, nos ofrecen también su versión de los tiempos.

Se entretejen así en estos ámbitos cerrados los signos del acontecer público con los garabatos de las vidas privadas («la historia privada de las naciones», que dijo Balzac de la novela), y por eso lo primero que advertimos en las plazas es la mezcla de géneros: épica y lírica, órgano y rabel, sermón y coloquio, aforismo y refrán.

Eso al menos ocurrió de tal modo hasta que un día los cronistas saltaron de su atalaya histórica reclamados por esa única y mínima gran plaza pública que es el televisor. Y al detenerse la escritura rítmica de los pies se paró también el reloj de la torre, los monumentos perdieron elocuencia, los automóviles invadieron el espacio donde antaño los juglares cantaron sus leyendas y los burgueses cerraron sus tratos comerciales con el lejano Oriente, y fue entonces cuando algunas plazas comenzaron a ser ágrafas y sólo quedó de ellas la belleza atónita y desnuda y un silencio con ecos cada vez más sutiles.

Pero en ellos, ya casi inaudibles, aún laten los signos de nuestras más fuertes experiencias históricas. Decía Ortega (esa gran plaza central de la aldea filosófica española, donde todas las calles y callejas terminan confluyendo) que las plazas, y sobre todo las que presumen de soportales, que es el único lujo que se han permitido muchos de nuestros pueblos, representan el más alto intento del hombre por armarse un refugio contra esa intolerable irrupción de la naturaleza en el espacio urbano que supone la lluvia. Si Ortega no yerra, nuestra historia podría resumirse como el camino que va de la humedad del barro por la que un día nos arrastramos humillados al abrigado soportal, donde muchos siglos después caminamos definitivamente altivos y seguros. Del pantano a la plaza: he aquí un modo de contar en cinco palabras la aventura de nuestra evolución social y biológica. Y arriba, junto al reloj, sólo a la pantanosa cigüeña se le concedió el privilegio de compartir nuestro recinto rigurosamente extranatural. Reloj y cigüeña son quizá los dos símbolos que mejor nos definen a través de los siglos.

Hoy, en muchas plazas el reloj se ha parado, los copistas ociosos se han ido yendo hacia sus casas y sólo la cigüeña sigue fiel a su discurso histórico. Pero en otros tiempos, cuando los medios de comunicación no habían colonizado el espacio privado, la plaza era telégrafo, estafeta, periódico, heliógrafo, radio y teletipo. Todo comenzó acaso con la llegada del reloj. Muy duro debieron de trabajar los pies de los cronistas cuando un día, muy de mañana, algunos hombres salieron de casa más deprisa que de costumbre y se encaminaron a alguna misteriosa gestión cuyo éxito dependía de la diligencia y el sigilo que pusieran en ella. Y con esa incursión mañanera podemos decir que se inauguró un nuevo ritmo histórico. A partir de ahí ya no se medían las horas por soles o por lunas, sino por las campanadas de un insólito reloj público, que fraccionaba el tiempo en calderilla, porque ahora, de las calles adyacentes, y al compás de los ciudadanos, fluía hacia las plazas el dinero, y del mismo modo que los dineros chicos se iban juntando para hacer el dinero grande (comercio y banco), también las opiniones se reunían hasta convertirse en mentalidad, en fuerza capaz de imaginar el mundo y cambiarlo. Nueva mentalidad, nuevo concepto del dinero y del tiempo: así surge la burguesía, cuyo escenario natural es la plaza. Desde entonces, es allí donde se urde y enriquece el laberinto de la Historia.

Si en la Edad Media la plaza venía definida por el ayuntamiento, la iglesia y el mercado, en los albores del Renacimiento se agrega el palacio, y luego el teatro, y después el museo. Todo nuestro pasado está escrito en esos discursos superpuestos. Nada escapa al ritmo implacable de los pies. Enumeremos: una plaza se hace con un guardia municipal, unos cuantos niños, un saltimbanqui o unos cuantos cómicos, una pareja de enamorados, un cura y una monja, dos soldados, tres forasteros, un mercado y muchos curiosos. Es decir: el comercio, la religión, la milicia, el juego, el exotismo, el amor, el ocio, el trabajo y la palabra. Rueda de pícaros, controversias teológicas y políticas, autos de fe, toros, mítines, ejecuciones, bailes, música y comedias: todo se representa en ese gran teatro del mundo que son nuestras plazas.

Las hay ricas y pobres. Las hay tan grandes que más bien parecen explanadas, y que no están hechas a la medida del hombre sino a la de Dios y a la del Estado, y tan chicas, que una farola y un magnolio (y, si se quiere, un niño montado en una caña) bastan para explayarlas. Las hay con vocación nocturna, esperando absortas y doncellas su rayo de luna, y las hay luminosas de naranjos y altas de palmeras. Las hay con su olma central, a cuya sombra cuchicheante y centenaria los últimos viejos toman el fresco y hablan de sus cosas. Las hay abiertas y las hay devoradas en su espacio por el monstruo insaciable de los monumentos. Las hay con su crimen pasional, devenido romance, y las hay tristemente célebres por sus matanzas populosas, porque también allí comienzan y acaban los idilios privados y el sueño de las revoluciones, devenido tantas y tantas veces pesadilla.

Pero en cualquier caso, aún hoy, lo primero que ,hacemos cuando visitamos un lugar es preguntar por ella, y sólo cuando la encontramos parece que hemos llegado del todo al término de nuestro viaje. En otros tiempos, las plazas estaban siempre muy concurridas, aunque sólo fuese porque, como no había teléfono, era allí donde se forzaban las citas y se transmitían los mensajes urgentes. Pero ahora también en esto han perdido su vieja utilidad pública, y por eso aparecen ya casi siempre vacías. Antonio Machado, que tanto gustaba de ellas, las registra en sus versos como cifra de la decadencia de algunas ciudades castellanas, y en su oquedad, llenada sólo por la monotonía del agua en la fuente, cree escuchar aún la copla del pasado esplendor. La plaza, que fue salón de estar de la ciudad, aunque con algo de trastienda y cocina, hoy es apenas alcoba clausurada, de muebles un tanto anacrónicos, y apenas útil para el ocio, el festejo o el mitin. Las calles, emancipadas, ya no van a dar a ellas, sino que se alejan hacia los nuevos barrios, donde ya no hay plazas, y menos plazas cerradas, pero sí parques que, más que aislarnos de la naturaleza, parecen remedarla, y que con cuatro gotas se quedan vacíos y cabizbajos.

Las viejas plazas, también ellas, han sido definitivamente desplazadas. Se fueron los cronistas, y sólo arriba, junto al reloj parado, o de campanadas que apenas son reliquias, queda ya la cigüeña. Pero a pesar de todo, para el olvidadizo hombre de hoy, cautivo de la actualidad, las plazas siguen siendo el último reducto de nuestra pálida memoria histórica. Su escritura secreta es el primer libro que deberíamos enseñar a leer a nuestros jóvenes. En fin, que la levedad de la barbarie nos sea propicia.

Verano del 65

Cuando oigo hablar de las ilusiones perdidas de los años sesenta (en ese leve tono épico que se reserva a las derrotas memorables, de oficialía tan gloriosa como Marcuse, W. Reich, los Beatles, Warhol o Cohn-Bendit), inevitablemente me pregunto qué habrá sido de ellos, de los otros: de Rives, de Chavi Chau, de Ching-Fú, de Antoñita de España, de El Torito de Aragón y de la gran señora mexicana con los que compartí el verano de 1965.

Visto a la distancia, aquélla fue una línea mixta, algo así como el despliegue de un cono invertido: Guadalajara, Zaragoza, Valencia y finalmente Albacete, donde sucumbimos en una cantina ferroviaria: alguien sacó una navaja, ornamental y ridícula; chillaron las mujeres, puso paz un borracho con heridas de amor y nociones de dialéctica, se cruzaron votos de venganza, la compañía se disolvió y ya no volví a verlos nunca más.

Éramos artistas de circo y variedades, jóvenes promesas en general, con la excepción de una estrella eclipsada, y nos reunió El Torito, antiguo o falso campeón de lucha libre que intentaba por entonces convertirse en promotor de espectáculos musicales por provincias. Ignoro cómo nos reclutó, pero es de suponer que en academias de baile y en programas radiofónicos matutinos, promocionados acaso por cacaos solubles y emporios mobiliarios, y titulados, por ejemplo, *Las nuevas estrellas de la canción; Salto a la fama* o *La ocasión de tu vida*. En cualquier caso, nos citó en un bar de Atocha el mismo mediodía ardiente de principios de julio en que los Beatles arribaron a España. Concurrimos unos quince, y el transporte corría a cargo de una furgoneta de nueve plazas que prolongaba el parasol con unas letras en relieve espolvoreadas de oro: «Los nuevos ídolos». De cabecera de cartel venía la gran señora mexicana, Carmen de Veracruz, que usaba peineta y perrito de paseo y tenía derecho a dos asientos, con cortinillas de separación. Componían el *atrezzo*, restando los dos baúles y las dos sombrereras de la gran señora (y, si se quiere, unos platillos de peltre para el gozque), el equipaje personal y artístico de cada uno, la orquesta (saxo y batería) y tres bultos de lona en los que años después reconocí los decorados de una vieja reposición de *Hamlet*. Aparecían aquí y allá una torre, un trozo de canchal y otro de doncella, una lúgubre perspectiva estrellada, algunas calaveras y un abismo, aunque también una estampa cortesana con bufones, arlequines y músicos de cuerda, términos sobrados para que Rives evocara felizmente «la unión españolísima de la risa y el llanto, de la pena viril y la copla alegre y volandera».

Y así fue como durante dos meses viajamos de pueblo en pueblo, sin otro rumbo que el que marcaba Rives, un tipo rubio y patizambo, una especie de mico rey de aquella hispanidad plebeya y selvática que tan bien supo retratar Velázquez, y que ejercía de representante con los siguientes atributos: zapatos charolados y picudos de bailarín arrimadizo, traje gris perla, clavel en el ojal, elocuencia, pañuelo al cuello y apellido, sobre todo apellido. Se llamaba Rivas, Beltrán Rivas, pero había abreviado rumbosamente a Rives, haciendo así del laconismo un modo ilimitado de retórica. Iba delante, casi siempre a pie, en su nube de polvo, contratando cines o teatros y, en su seguro defecto, salones de baile, casinos y hasta simples corrales: cualquier lugar que nos sirviese para desplegar los decorados y ofrecer la función.

Durante dos meses seguimos sus pasos, sin conseguir nunca congregar más de treinta o cuarenta espectadores y sin recaudar (entre precio de entrada y rifa de botella de *brandy* al intermedio, la misma que le servía a Rives para ilustrar una querella lírica de Rafael de León donde hacía de cornudo calderoniano y no sé si también de legionario) más de lo justo para el gasoil y la cena: pan, queso, vino y sardinas en lata. Dormíamos los hombres al raso, echados y arropados por los decorados, y las mujeres, en la furgoneta.

Supongo que durante aquellos dos meses nos mantuvo en pie la inconsciencia juvenil o la mera esperanza. Algunos habían sido alguien en el mundo del espectáculo. Carmen de Veracruz, sobre todo, vivía aún los últimos brillos de una gloria sólida aunque efímera. Cantaba algo de una calandria y una jaula, y un estribillo («voló, voló, voló») que el público, a pesar de la petición de la artista, que agitaba los brazos demandando adhesión, no se animaba a corear. Al final, nosotros, entre bambalinas, forzábamos los aplausos, cosa que aprovechaba ella para lanzar besos al respetable y reclamar en escena al perrillo, para que también él participase en la aclamación.

Son tiempos ya casi olvidados. Chavi Chau era cantante melódico, de los de traje titilante –que más coruscaba por el uso que por las lentejuelas–, pajarita de terciopelo, flequillo escultural, cuerpo bailongo y perfil matador. Estaba seguro de que no tardaría en convertirse en astro de la canción. Solía decirme: «Qué suerte tienes, Luisito, que algún día podrás presumir de haber conocido a Chavi Chau cuando Chavi Chau no era todavía nadie». Ching-Fú se llamaba en realidad Juan Hontecillas, pero en el verano de 1962 había participado de extra en *55 días en Pekín,* película rodada en los alrededores madrileños, y desde entonces había decidido quedarse ya de chino, con nombre y atuendo chinos, y para hacer más creíble la identidad había aprendido unos juegos de magia, a vomitar fuego, a lanzar cuchillos y a saludar con reverencias. Jorge, hombre otoñal, era bizco, según él de ser saxofonista y de tanto tocar boleros lentos, y Munner lo acompañaba a la batería con el aire eficaz y aburrido de un funcionario judicial. Se hacían llamar Jorge and Munner, y lo primero que hacían al llegar a un pueblo era irse juntos del brazo en busca de una plaza donde echarles miguitas de pan a las palomas. Antoñita de España, por su parte, actuaba de bailaora y tonadillera, y su secreta esperanza era representar algún día a España en Eurovisión. Quizá por eso se mantenía apartada y altiva, y cuando me mandaba a por agua o café, me decía siempre: «Y acuérdate de que, el día que yo triunfe, te llevaré conmigo de primer guitarrista».

166

Éramos unos quince, y cada cual interpretaba sus miserias como un trámite purgativo hacia la gloria. Por la noche, antes del sueño, más de uno hablaba de lo que haría cuando cobrase hacienda y nombre, y aquellos envites adquirían un sentido sobrecogedor bajo el doble cielo del verano y de *Hamlet*. La vida parecía estar allí, al alcance de cualquier mano valerosa que osase tenderse hacia la rama dorada del futuro. Éramos jóvenes, y los tiempos venían cargados de promesas.

Esto ocurrió en 1965, y no he vuelto a verlos nunca más desde la tarde aciaga en que Chavi Chau le exigió a El Torito ser cabecera de cartel, y salieron a relucir navajas y gritos de mujeres, y en un instante la compañía se disolvió. Eran los tiempos de Luther King, de Vietnam, de los Rolling, de las primeras revueltas universitarias: época de grandes y últimas ilusiones, que también concluyeron sin que nadie, ni la imaginación ni Chavi Chau, llegara a alcanzar el poder o la gloria.

Un gran hombre

Al cabo del tiempo ya no me acuerdo de su nombre, o quizá nunca lo supe, o a lo mejor se llamaba Juan, pero en cualquier caso todos lo conocíamos por Chamaco, que era su mote artístico desde que emigró de Jerez de la Frontera a París con veinte años y sin otra hacienda que una maleta de mimbre y un reloj de bolsillo con leontina de oro y cifras de nácar que había heredado de sus padres y que aún conservaba cuando yo lo conocí en la primavera de 1975, ya cincuentón, casado y con dos hijos, e inevitablemente más seductor y canalla que nunca. Era difícil de entender que aquel joven flaco, asombradizo y dentón, que aparecía con protocolaria pose campesina en el único retrato que conservaba de su mocedad, hubiera llegado con el tiempo a convertirse en el galán maduro y mundano, de pelo blanco y esculpido y ojos trascendentes y azules, con un cierto aire a Francisco Rabal, que chuleaba mujeres provectas y cantaba coplas flamencas en lo que hoy es una agencia bancaria pero que durante mucho tiempo fue un restaurante típico español (paellas mixtas, camareros fajados, vino en jarras, perendengues taurinos, un arco moruno y un gitano de muestra) junto al Folies-Bergère. Tan difícil como imaginár-

168

selo ya de anciano, si es que no muerto y enterrado en tierra definitivamente extraña, como él mismo cantaba con la quijada temblorosa y las manos en jarra, cuando sentía correr por su sangre (dicho en su dialecto doctrinal) las grandes penas de la *indiosincrasia* y el terruño. Pero su idioma de trabajo era otro. Hablaba un francés universal, casi esperanto o don de lenguas, que todo el mundo, incluidas las japonesas más angelicales o las nórdicas más recalcitrantes, le entendían a la primera. Yo lo he visto discutir de negocios con un holandés tan hermético y errante como él, y con la misma fluidez y los mismos matices en las discrepancias y en las avenencias que pudieran exhibir dos micos en lo tocante a un coco o a una cuestión de honor. Supongo yo que aquél sería el lenguaje ecuménico de la seducción, donde las palabras se limitan a jalear lo que ya han declarado antes las miradas, las sonrisas, las pausas o los gestos. Jamás conocí a nadie, ni siquiera a los donjuanes del teatro, del cine o de los chistes, que engatusara tanto y tan repentinamente a las mujeres. Eso sí: antes y después de cada conquista, se santiguaba siempre tres veces sobre el pecho. Tal extremo llegó a alcanzar su virtuosismo, que a menudo le bastaba una breve ausencia higiénica del novio o del marido para acercarse a la mesa de la dama (bien fuese señora de su casa o adolescente pizpireta), y a la que ya antes había venido camelando con su mirada mórbida de tigre acatarrado, para entablar en su eurojerga una fugaz conversación galante y concertar una cita de urgencia que indefectiblemente (tras la santiguación reglamentaria) se cumplía y consumaba en un recodo de penumbra que había junto al baño, minutos

169

después de que el acompañante, cornudo ya en ciernes, lo hubiese abandonado. Fuera de aquellas aventuras, que tramitaba extralaboralmente por puro amor al arte, regentaba a la vez a tres o cuatro ricachonas de edad, y a las que él llamada «burguesas», aunque sin el menor viso despectivo y muchísimo menos ideológico. De eso vivía. Y de eso había vivido desde que se casó a los veinticinco años con una francesa («una santa», se lamentaba al evocarla) e hizo extensivos los desafueros de la noche de bodas a su propia suegra, que ocupaba un cuarto contiguo y cuyos suspiros al amanecer lo iniciaron para siempre en el viejo oficio de los placeres venales. Parece ser que le gustaban los dobletes, porque cuando yo lo conocí andaba en pleitos con una de sus burguesas, que le había regalado por Reyes una sortija con zafiro del patrimonio familiar y que ahora le reclamaba por haber descubierto que el operario estaba también trajinándose gratis a su hija. Amenazaban las dos con llevarlo a juicio y acusarlo de robo, y como se enteró de que yo tenía estudios universitarios, una noche, a la semana de conocernos, decidió aconsejarse conmigo. «No se atreverán», le dije, y hasta le sugerí, supongo que inspirándome en algún relato folclórico, que por si acaso intentase recordar si las demandantes tenían alguna marca íntima que pudiera airearse como prueba en el juicio. Debió de complacerle mucho la respuesta, porque enseguida dijo con su voz ronca de contramaestre que había venido observándome desde el primer día, que había llegado a la conclusión de que yo era buena gente y que sólo por eso iba a hacerme el favor de proporcionarme una burguesa de mil francos al mes. Iniciamos a partir de entonces una de esas amistades sentimentales y viriles fundamentadas en la lealtad, en los licores y en los sobreentendidos. Empezó por contarme algunos episodios antológicos de su vida. Refirió su infancia y juventud jerezanas, que tenían mucho de documento social tremendista, y de cómo ya en París había trabajado en la vendimia y en el bricolaje, y había pasado hambre y sufrido oprobios («los señoritos vienen a ser iguales en todas partes, en Jerez y en Europa»), antes de enrolarse de coplero flamenco y bautizarse artísticamente como Chamaco, nombre que también le servía de remoquete para su verdadera actividad de seductor. «¿Y qué le voy a hacer, si nací pobre de solemnidad y mis padres sólo me dejaron de herencia un reloj, un poquito de voz y otra cosa que algún día quizá te enseñaré?»

El tiempo, fuera de algunos detalles pertinaces o absurdos, ha reducido a tres o cuatro anécdotas la historia de seis meses. Sé que una noche de junio apareció en un Rolls un venezolano que, después de cenar, reclamó la presencia de los artistas, no para actuar sino para convidar a alcohol y echarnos un discurso (a nosotros, representantes de la Madre Patria) sobre matanzas ancestrales de indios, utopías políticas y revoluciones pendientes, y sé que al amanecer nos dio quinientos francos de propina, que al salir pasó junto al Rolls para coger un taxi y que dos días después apareció en los periódicos una foto del automóvil y otra del disertador, que resultó ser nada menos que el terrorista internacional Carlos. Esa misma noche, cuando se fue el último cliente, supe también que el tercer atributo de la herencia paterna, y al que Chamaco llamaba

171

«el avío», consistía en un vergajo de espanto que, justo entonces, enconado por el revuelo del tal Carlos, decidió mostrarnos a dos manos en el recodo de penumbra a unos cuantos curiosos. Con los años, aquella escena se ha asimilado en la memoria a algún cuadro renacentista de pastorcillos arrobados en torno del prodigio. Una escena llena de armonía, y como suspendida en el tiempo, y cuyo sortilegio se rompió de pronto cuando Chamaco se puso a gritar fuera de sí: «¡¿Es que no merecía ser yo también un hombre famoso y respetado?!», y empezó a hacer aspavientos y a dar gritos borrosos de borracho, exaltado por no sé qué delirio reivindicativo.

Chamaco gastaba navaja y era un hombre de honor. Con su mujer («¡Una santa!», vociferó) no se llevaba desde que ella lo había sorprendido exhibiendo el avío tras la ventana a una vecina del inmueble. Contó a voces que hacía algunos años había matado a un hombre («¡Él sabía por qué!», aulló mirando al techo). A sus hijos los quería a muerte, y esa noche, iluminado por el alcohol y con la bragueta todavía abierta, juró que aquellos angelitos eran lo más grande que tenía en el mundo, y que el reloj y la sortija, y todas las prendas que les sacase a las burguesas, habrían de ser para ellos. «Para que me recuerden cuando yo me muera, y sepan que su padre era un gran hombre, tanto o más que ese venezolano con pistola. ¿O es que no soy yo un hombre bueno y grande? Nací pobre en Jerez, entre señoritos malajes, y aquí me veis ahora, en París, actuando en público, ciego de whisky, con terno y corbata, y con automóvil propio ahí en la puerta, y con tres burguesas de 1.500 francos cada una que a estas horas estarán suspirando por mí.» Se me acercó con el rostro congestionado y los ojos arrasados en lágrimas, rubricó tres veces sobre el pecho el garabato de la cruz, me agarró por los hombros, me zarandeó y me gritó a la cara: «¡Tú que eres gente de letras, contéstame de verdad: yo, Chamaco, ¿soy o no soy un hombre bueno y grande?! Con la mano en el corazón: ¡¿soy o no soy yo digno de figurar también en los periódicos?!».

IV
A pie de página

El abismo veneciano

La prosa tiene una cierta andadura solemne y parece hecha a juego con la austera elegancia de Gustav von Aschenbach, que esta tarde ha salido a dar un paseo después de un día fecundo de trabajo. Estamos en Múnich hacia 1912 y, por tanto, hoy sabemos que faltaba muy poco para que estallara la guerra y Europa se convirtiera en un gran matadero. Pero ahora comienza mayo, ha mejorado el tiempo, y Von Aschenbach camina un poco al azar, distraído, inseguro, abrumado por la edad y la gloria, hasta que finalmente se detiene junto a un cementerio y allí espera el tranvía que ha de devolverlo a la ciudad. La tarde, ya casi anochecer, amenaza tormenta y, por una de esas casualidades de la vida, resulta que no hay nadie ni en la parada ni en sus alrededores. Ni siquiera a lo lejos. Nada: todo es quietud, soledad y silencio. «Cosa extraña», nos dice el autor, y nosotros compartimos su extrañeza con él, y aún más cuando, también por casualidad, aparece un hombre entre las dos bestias apocalípticas que custodian la entrada al cementerio. Es un hombre también extraño, llegado sin duda de lejanas tierras, a juzgar por su indumentaria exótica, y que tiene un aire «dominador, atrevido y violento». Su nariz es chata, y sus dientes (aunque es posible que se trate de una ilusión óptica producida por la ya vaga luz del crepúsculo) le hocican y desbordan ferozmente los labios. Y entonces ocurre el prodigio, porque de pronto la visión del hombre bárbaro y audaz, unida a la melancolía del ambiente, despiertan en Aschenbach un ansia incontenible de aventura, una súbita invitación al viaje, un brusco afán de sensualidad y de desorden, un ímpetu juvenil como no recordaba haber sentido nunca. Tan fuerte es la impresión, que le produce visiones de selvas vírgenes y lujuriantes, de tierras tropicales y cenagosas, de ámbitos morbosos en cuyas espesuras brillan los ojos de un tigre que, ahora, de repente, ya sabemos que es además y sobre todo el símbolo de la pasión brutal que duerme y late y aguarda su ocasión incluso en las almas más firmes, acabadas y armónicas. Ahora empezamos igualmente a entender que no es sólo el tigre el que acecha tras los cañaverales: también el intelectual tras el narrador, para asestarnos en cuanto nos descuidemos un zarpazo ideológico.

¿Qué nos está contando entonces Thomas Mann? No hay otra opción para el narrador que contar o callar, decía Kafka, y en sus palabras parecen decantarse y fulgir las claras lecciones de Dickens y Stevenson, dos de sus maestros más queridos. Pero Thomas Mann no se resigna a la desnudez esencial de los hechos y, al contar, parece estar siempre pensando en otra cosa, como si necesitara explicitar el mensaje y definir sus márgenes para que no sea anegado por la elocuencia ambigua del relato. Diríase que continuamente nos invita a que lo interpretemos más allá de los meros sucesos de la acción.

A veces parece incluso que lo exige, y que el discurso doctrinal llega casi a sobreescribirse sobre la línea narrativa.

Enumeremos, pues: está atardeciendo, y también la vida de Aschenbach es ya crepuscular, y sus pasos descarriados le han conducido precisamente a un cementerio, cuyo mísero esplendor le advierte de la fugacidad absurda de la vida. Pero, por otro lado, si algo está acabando, algo también está recomenzando, porque es casi primavera, y la misteriosa figura del desconocido despierta en Aschenbach la ilusión juvenil por el viaje, y frente al panorama del cementerio él evoca otro lleno de vida exuberante, plena, hecha de pasión y de excesos. También en su alma, en efecto, amenaza tormenta. Miramos ahora el relato al trasluz y allí está la exhortación del *carpe diem*, e inmediatamente después, un vigoroso esbozo del mito de Fausto. Como Fausto, también Aschenbach es viejo y sabio, y su Mefistófeles es el viajero (recordemos su cara de diablo), y Tadzio será su Margarita.

La muerte en Venecia nos ofrece acaso el mejor ejemplo contemporáneo de cómo una novela de corte intelectual, y construida con la fría exactitud de una obra de ingeniería, y donde todos los efectos están calculados de antemano, puede ser al mismo tiempo emotiva y conmovedora hasta las lágrimas, como si de esa forma el autor quisiera establecer un contrapunto con el tema de fondo: la desavenencia irreductible entre el mundo de la razón y el de los sentimientos.

Gustav Aschenbach no ha conocido el ocio, ni la incertidumbre ni el placer. El desorden de las pasiones le es ajeno. Entre sus antepasados paternos ha habido un alto funcionario

179

judicial y un pastor de almas, que es tanto como decir el Estado y la Iglesia, o si se quiere: la profesionalidad de la razón y el ascetismo del espíritu. Pero su ascendencia materna ha añadido a su sangre la sensualidad y el rapto apasionado de un director de orquesta (fino homenaje a Mahler), de modo que Aschenbach es el producto de esa mezcla feliz y precaria de cordura y vehemencia, de exaltación romántica sometida al molde de la sobriedad clásica y magistral. Seguro y firme al borde del abismo: tal ha sido hasta ahora la vida de Aschenbach. Y de repente, ya en el ocaso de su vida, ve a un viajero y un cementerio y algo se quiebra en él, y el descendiente del director de orquesta aparta al funcionario y al pastor y decide dar un paso adelante y precipitarse en el abismo cuyo nombre es Venecia.

No podía ser otra ciudad. Sólo Venecia reúne en un punto la inmortalidad de lo definitivamente bello y la fugacidad del barro y de la peste que la sustenta y, a la vez, la socava. Del mismo modo (pues todo en la novela tiende a ser recurrente y simétrico), también en la belleza de Tadzio hay un principio de corrupción, una cierta palidez que anuncia su muerte prematura. ¿Será entonces posible que el camino que eleva al artista hacia el espíritu pase forzosamente por los sentidos y por el tumulto innoble de las pasiones? Nunca bailó mejor Damocles que bajo la espada. Aschenbach persigue a Tadzio por una Venecia que es ya laguna Estigia y laberinto de amor. Se complace en las canciones plebeyas de unos músicos callejeros. En una peluquería lo pintan como un petimetre y lo enmascaran de galán. «¿Comprendes ahora cómo nosotros, los poetas, no podemos ser ni sabios ni dignos? ¿Comprendes que necesariamente hemos de extraviarnos, que hemos de ser necesariamente concupiscentes y aventureros de los sentidos?»

Mi ejemplar de *La muerte en Venecia* está profusamente subrayado y anotado en los márgenes. No hay página donde los sucesivos lectores que yo he sido no hayan ido añadiendo un comentario, o sólo un breve trazo que revalide el enigma insoluble que nos plantean Aschenbach y el autor. El mundo de la razón y el de los sentimientos siguen dialogando interminablemente. Y la muerte de Aschenbach sigue arrancándome lágrimas de piedad.

Los silencios de Kafka

Hay noches, como la del 22 de septiembre de 1917, en que, después de tres horas ante el papel, no se le ocurre nada, y entonces piensa que es muy posible que su decadencia intelectual comenzase cuando le dio por andar con los brazos cruzados detrás de la cabeza y haciendo morisquetas cada pocos pasos. Gracias a los avances de la psicología, que nos ha instruido en la sospecha, hoy sabemos que esas extravagancias no se pueden realizar sin atraer sobre sí la curiosidad, siempre morbosa, del destino. No es inverosímil, por tanto, que, con tales esparcimientos, contrajese méritos sobrados para convertirse, según el efusivo diagnóstico de su padre, en un segundo tío Rudolf o, si se prefiere, en el majadero oficial de la segunda generación. Sólo que si el tío Rudolf resultaba un idiota inofensivo, rubicundo y ameno, a la moda del siglo pasado (cuando la necedad y la bonhomía intercambiaban atributos), Franz complacía las exigencias de la nueva época y era largo y flaco, sin grasa nutricia capaz de aportar al espíritu el alimento de un fuego interior que lo purificase de la ociosidad y la pesadumbre.

No hay más que verlo: el caudal sanguíneo le flojea en las rodillas, va dejando atrás una estela de palidez y apenas consigue ya remontar el tronco. Cierto que los muslos y el vientre lucen mondos y duros gracias al remo, el caballo y la braza, pero de cintura para arriba (descontando los ojos, el pelo caedizo y el fino trazo de los labios, que tales eran sus secretos encantos de seductor) ofrece una estampa en verdad lamentable, y quizá de esa duplicidad provenga la tendencia de sus héroes a la lucha libre nocturna con muchachas bellísimas, expertas tanto en sarcasmos como en artes marciales.

Pero entonces, si ha de reunir sus escasas fuerzas en torno a la escritura, ¿de dónde va a sacar la energía necesaria para sobrevivir, es decir, para casarse con Felice, tener casa propia, cultivar el piano, el violín, los idiomas, la germanística, el antisionismo, el sionismo, la carpintería, la horticultura, el baile, el teatro, la filosofía y el sexo? Para reconciliarse con tanta debilidad y aliviar los dolores de estómago, se ha hecho vegetariano, dándole así un nuevo motivo de congoja a su padre, hijo de carnicero, que hubiese deseado un vástago vigoroso y activo, y que por eso durante la cena no puede menos de taparse la cara con el periódico para no verle engullir porquerías. Franz conjura el sentimiento de culpa con una nueva duplicidad, y mientras mordisquea un rábano imagina proezas atléticas o sexuales o se entrega a brutales fantasías gastronómicas: rescata doncellas atribuladas del barrio judío de Praga, irrumpiendo justicieramente en un coche de cuatro caballos, derriba a una muchacha sobre la hierba y se cobra allí mismo el laurel instantáneo del triunfo, devora costillares de vaca, ristras interminables de salchichas, arenques, bombones, y así goza del cuerpo que quisiera tener: grande, compacto y saludable, como el de su progenitor, o el de su abuelo Amschel, que se bañaba diariamente en el río, incluso en invierno, rompiendo el hielo con un hacha. Porque lo único que lo puede confirmar en la vida es la consciencia de su propio cuerpo. Quizá por eso creció tanto, para ser algo más que una sombra en el mundo, aunque finalmente la estatura, como la escritura, se convirtió en el mejor testimonio de su debilidad. Sí, quizá su cuerpo sea demasiado liviano para hundirse en el sueño, le falta peso y densidad y por eso sufre de insomnio o, como mucho, flota en las aguas turbias de la duermevela. Las pesadillas lo acechan. Sueña con un asno parecido a un galgo al que ofrece ramitas de ciprés, que el animal rechaza, pero cuando él se aleja, furiosamente las devora. Sueña que un hombre sin ojos viene hacia él a lomos de un triciclo desvencijado, que se bambolea incierto. Ese hombre se va a estrellar contra un muro y él pide ayuda a un *boy-scout* para detenerlo en su loca carrera. Eso, cuando duerme, que a veces se pasa las noches en claro. Y como por las noches nadie que viva solo es responsable de sus actos, se entrega a actividades arbitrarias: se levanta, va al cuarto de baño, se lava interminablemente las manos, vuelve, se examina el pelo caedizo, lee una frase de Goethe, otra de Kierkegaard, otra de Strindberg, se lava de nuevo las manos, se mira coquetamente en el espejo. Hubo una época, la de secundaria, en que rehuía los espejos, alarmado de su fealdad. Para gafarla, se obligaba a andar erguido, porque además pensaba que la curvatura de su espalda influiría negativamente en su porvenir. Desde entonces, muchas noches ha tenido que emplear las escasas energías no en escribir sino en mantenerse vivo, únicamente en esto, en conseguir que su corazón siga latiendo. Si sólo fuese ésa su desdicha, aún podría trampearla, porque una sola desdicha no se basta para dominar a un hombre. Pero él, tejido de necedad y de dolor, sufre el acoso del más variado infortunio. Por ejemplo, los ruidos. Parece mentira, pero puede llegar a ser terrible. Golpes de puertas, pasos y carreras, el rumor de la luz de gas sobre su cabeza, alguien que juega a los bolos en el piso de arriba, y luego el padre, que de vez en cuando irrumpe en la habitación arrastrando su pesado batín.

¿Qué se puede hacer entonces sino salir al pasillo convertido de pronto en una serpiente e implorar silencio a sus hermanas y a sus padres? ¿Dónde encontrar la paz? Quizá lo mejor sea abandonar la oficina y marcharse de Praga. Pero ¿adónde irá un vago jurista austriaco? ¿A Viena? Allí, ciudad odiada, sería definitivamente desdichado. No, él no necesita más que un cuarto tranquilo y un régimen vegetariano, sólo eso; aunque, por otra parte, no sabría vivir quizá fuera del círculo protector de la familia. Vacilante y antojadizo, instala su existencia en las fronteras de la insumisión y de la servidumbre. Es un monstruo: una especie de híbrido mitad cordero y mitad gatito, y nunca conseguirá poner paz y equilibrio en su vida.

Y en cuanto a formar una familia, que es su más secreta ambición, ¿cómo podría dar ese paso un hombre como él, débil, atormentado, tuberculoso oficial desde hace una semana, insomne, próximo a la locura, necesitado de soledad y que sólo vive para escribir zarandajas? ¿Y cómo soportar además el castigo del coito a cambio de la dicha de vivir junto a Felice? La visión del lecho matrimonial de sus padres, de la ropa blanca, de las camisas recién planchadas, le produce vómitos. Es débil e inepto, carece de voluntad, gravita en una especie de eterna infancia y se pasa los días tumbado en el canapé, esperando que venga su madre a preguntarle, ¿qué te pasa, hijo?; y él, no me entiendes; y ella, ¿y tu padre tampoco te entiende?; y él, no; y ella, ¿y tus hermanas?; y él, tampoco; y ella, ¿y Felice?; y él, tampoco; y ella, o sea, que nadie te entiende; y él, en efecto, nadie me entiende. Qué triste le va a resultar a este incomprendido, dentro de muchos años, ser viejo y volver solo a casa portando un paquetito alimenticio, subir solo la escalera, tener que admirar a niños ajenos, medir el tiempo por la propia decadencia y no por el crecimiento prometedor de los hijos, reunirse con otros solterones y contarse anécdotas de juventud. Pero lo peor de todo quizá sea que nadie cree en él como escritor, ni siquiera él mismo. Su torpeza ya se veía venir de mucho antes. De adolescente, cuando en vez de escribir golpeaba con el lápiz en la mesa para llamar la atención y para que lo admirasen, un día un tío suyo le arrebató la hoja, le echó un vistazo y se la devolvió: «Las zarandajas de siempre», fue su veredicto. Y no hace mucho, cuando leyó en familia *El fogonero* (esa burda imitación de *David Copperfield)*, su padre escuchaba con la misma repugnancia que cuando lo veía tragar vegetales. Y Felice no estima sus escritos. Ni tampoco él, el autor, porque cuando está satisfecho, desconfía, y echa de menos su pasada insatisfacción, de modo que hasta la satisfacción le insatisface. Y ¿todo por qué? Porque igual que le gustaría poseer un cuerpo robusto, como el de su padre, en sus

186

historias quisiera novelar como Dickens y escribir como Goethe: ésta es su ambición, éste es su tormento. En cuanto al segundo, la búsqueda de la pureza del lenguaje lo extravía en una precisión puntillosa, entre talmúdica y jurídica, sin la elegancia conceptual y expresiva del gran señor de Weimar, y respecto al primero, desearía componer al modo dickensiano la novela de un huerfanito que, tras muchas contrariedades, encuentra a un pariente millonario y ávido de amor, e incluso lo ha intentado en *América*, sólo que enseguida, no sabe cómo, ha aparecido un fogonero *y* una casa oscura *y* laberíntica en las afueras de Nueva York y el relato se le ha convertido en la inevitable pesadilla cómica de siempre. Como sus personajes, también él se pierde en el camino. Si imaginásemos la novela como una travesía por un bosque intrincado, Franz es el guía que nos toma de la mano y nos interna en él, tan cortés, tan aplomado, tan exacto. El lector confía en su pericia, y más cuando advierte que en vez de ir derecho se entrega a todo tipo de sinuosidades, como si en efecto fuese un guía no sólo experto sino virtuoso del terreno que pisa. Pero luego empezamos a recelar y finalmente a comprender que el autor está tan perdido como nosotros, que nos hemos confiado a los ímpetus de un niño y que ya nunca saldremos de ese bosque a ningún claro, nunca.

Pero sigue escribiendo. Es voluble, y sabe que sólo con una disciplina espartana podrá superar su torpeza crónica, y huyendo del azote de la indolencia ha acabado en la mera obstinación. Obstinadamente, ha conseguido componer *La metamorfosis*, una historia repulsiva y absurda, y *El proceso*, que es un pálido reflejo del vigor expresivo que alguna vez logró excepcionalmente. ¿Cómo compararse, insensato, con su padre, con su abuelo Amschel, con Flaubert o con Kierkegaard?

Así que se levanta otra vez, va al cuarto de baño, se lava las manos, vuelve, se acaricia el pelo, piensa en Felice y en el fracaso general de su vida, y al final, antes de acostarse a sufrir una noche más la tortura humillante del insomnio, aún tiene fuerzas para escribir: «Nada».

Leyendo esta palabra, uno piensa en cuánto valor se necesita y qué difícil resulta escribir «nada». ¡Qué extraña flor parece en nuestros días alegres y locuaces, en que todo el mundo sabe de todo! ¡Cuántas lluvias y soles habrá necesitado para florecer en el baldío de aquella noche del 22 de septiembre de 1917! Porque detrás de «nada» está la convicción de que no se puede decir cualquier cosa, sino sólo lo que se siente como esencial y que no admite sucedáneos. Algo intransferible e imperioso que nadie más que tú puedes desvelar, y por eso es tan difícil atreverse a esa resignación suprema ante la derrota y a ese acto de honestidad de abrir un cuaderno, tomar la pluma y escribir: «Nada».

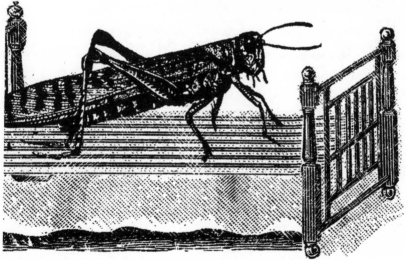

La vida breve

Leí las primeras veinte páginas de *La vida breve* en el otoño del 72. A principios del 75, no teniendo nada mejor que hacer, me fui a París, donde viví un tiempo tocando la guitarra en un restaurante español de cenas típicas y baile de sobremesa, cuyo eslogan, inventado por un tal Ferrer, fundador del emporio hacia los años treinta, era «*ça va commencer*». Cada quince minutos, nosotros, los amenizadores de paellas –bailarines, músicos, cantantes–, debíamos gritar la consigna desde cualquier ángulo, creando así la ilusión de que allí se vivía siempre en un renovado estado de júbilo.

Algo tenía aquello de El Chamamé, mejorado de infierno a purgatorio, pero necesitado igualmente de quienes cada noche contribuíamos a formarlo aportando una pieza al conjunto. Por aquel local habían pasado, como constaba en el Libro de Oro, personajes de la talla de Marilyn Monroe y el mariscal Rommel, que –según el lirismo emprendedor de Ferrer, un empresario catalán muy sentido– habían esbozado un fugaz e intenso romance bajo el hechizo del eslogan, la inspiración de un tenor desde la penumbra y, claro está, la paella mixta y el cava de la casa.

Por entonces, yo había leído unas ochenta páginas de *La vida breve*, y tenía también *El astillero*, *Juntacadáveres* y los cuentos completos. Como no quería acabar la novela, a veces volvía atrás o, sencillamente, le aplicaba el eslogan y empezaba de nuevo. Me gustaba, sobre todo, releer el capítulo 4, cuando Brausen ha de conseguir, para salvarse, que una mujer, Elena Sala, entre en el consultorio de Díaz Grey. Era el momento en que Gertrudis, mutilada de un seno, habría de regresar al hogar: esto es, al consultorio donde Brausen, convertido en médico, la aguardaba. Al final del capítulo, y en otro posterior, Brausen Grey logra que Gertrudis Sala entre en la consulta y se desnude tras el biombo, y allí están otra vez los dos senos, pequeños o grandes, según los caprichos o las conveniencias del momento; es decir, allí está la salvación de la noche del sábado.

Calculaba que, a ese ritmo de lectura, la novela duraría toda la vida o, al menos, que llegaría a Santa María cuando tuviese aproximadamente la edad de Brausen, el fundador. Entre tanto, al hilo del relato, yo iba viviendo mis propias vidas breves.

Ocupaba parte del amanecer –hora en que volvía del trabajo– en imaginarme a Ferrer, el otro fundador (una especie de Petrus que vivía invisible en el esplendor de la decadencia), en inventar el idilio anacrónico entre el mariscal y Marilyn y, sobre todo, en suplantar al tenor, de modo que era yo quien, desde la penumbra de un comedor de baile cuyas proporciones y detalles iba también conquistando cada amanecer, entonaba un bolero de súplicas y reproches. En un rincón a veces aparecía Mami, joven o vieja según la inspiración. Y Stein, tan frívolo y locuaz que tenía que expulsarlo del ensueño para que mi voz llegara en toda su perfidia a los elegidos de la noche. Fiel al bolero y a Onetti –donde los personajes, o son lacónicos o son charlatanes, según opten por el cansancio o por la burla: por los sobreentendidos del silencio o por el dispendio de los malentendidos–, el idilio avanzaba despacio, a través de gestos, miradas, palabras aproximadas o falaces. «Si yo hablo y tú comprendes todo, no vas a entender lo que yo podría desear que entendieras», dice Gertrudis, decía Marilyn. Pero el mariscal Brausen fumaba y callaba, y sólo a veces decía: «Vamos, vamos».

Así estiraba la novela, para que no se me gastase, y aún hoy tengo sin leer el último capítulo, que reservo para alguna ocasión que ignoro y que acaso no llegue nunca, pero me gusta saber que tengo ahí esas páginas disponibles: lo último de Onetti que me queda por leer. A veces me pregunto: ¿Qué pasará con Lagos y el Inglés?, ¿por quién brindarán finalmente? Porque ocurre que los personajes de Onetti brindan mucho, juegan a festejar. Y es que todos ayudan a engañarse mutuamente, a remedarse jóvenes, a exhibir ilusiones, y esa forma de solidaridad culmina felizmente en los brindis.

Yo he visitado ese café de adultos, donde Roberto, cínico y magnánimo, brinda cada tarde por el inminente regreso «al mundo y a las horas de Bob». Y he jugado (también por prolongar a Onetti) a imaginarme a Brausen o a Larsen siendo Marlowe y, naturalmente, recibiendo palizas para pagar el privilegio de seguir siendo Marlowe, y siendo don Quijote y calculando ante los molinos de viento las ventajas y riesgos de fingir ver gigantes, y convertido en Robinson Crusoe, y allí estaba con sombrero de paja, amaestrando al loro y reflexionando sobre el arte de la alfarería. Cierto que cansado y escéptico, pero también gentil y animoso a su modo.

Cuando regresé a Madrid, con media novela consumida, además de otro tanto de *El astillero* y seis o siete cuentos, me ofrecieron un trabajo en la universidad, pero a condición de tener hecha la tesina. Quedaba un mes de plazo. Mis conocimientos de Onetti no han sido nunca académicos, sino de esa confusa intimidad propia del amor, así que con algunas consultas de biblioteca fingí 150 páginas, con más citas que texto propio, que titulé generosamente «Algunos aspectos de la narrativa de Juan Carlos Onetti». Y fue así como, durante un mes, me sentí también Larsen, elaborando un informe confidencial e inútil para Petrus.

Un último recuerdo. En abril del 76, haciendo cola en el aeropuerto de Orly, tuve el privilegio de conocer a Cortázar. Estaba justo detrás, inconfundible, de modo que le pregunté si era él; él me dijo que sí, y enseguida, tras una breve conversación de circunstancias, hubo un silencio que Cortázar, tan delicado, tan servicial, salvó con una pregunta: «¿Sabes que Onetti vive ahora en Madrid?». Yo lo sabía, con una vaguedad proporcional a la discreción de Onetti, pero en ese instante, no sé por qué, supongo que para no desmerecer, dije que sí y que, incluso, lo había visitado en su casa a través de un conocido común. «¿Y qué contaba?», se interesó. «Nada», me apresuré a decir, «fumaba, escuchaba y, de cuando en cuando, asentía.» Cortázar cabeceó con ternura. «Sí, así es él», dijo.

Yo tuve la impresión de que no estaba mintiendo del todo,

porque mis relaciones con Onetti han sido siempre tan singulares que eso me autorizaba a mentir sin escrúpulos. Y desde entonces me gusta presumir de que conozco a Onetti, y si me preguntan digo lo que él me dijo y cuento anécdotas de colegialas y del Uruguay con una inventiva tan sincera que, de haberlo conocido, creo que las cosas hubieran pasado más o menos así.

Una vez lo vi de verdad. Fue en el Instituto de Cultura Hispánica. El acto se retrasó porque a última hora parece que Onetti se negaba a salir. Recuerdo que, al final, salió y que Luis Rosales y otros medio lo iban empujando para que no se echase atrás. Traía unos folios, que leyó con alguna torpeza, se levantó, se defendió como pudo de los aplausos y huyó.

¡Ah –me dije esa tarde y tantas tardes–, quién pudiera acabar la noche en la vereda del Universal, con el viejo Lanza, con Larsen, con Gálvez, con Díaz Grey, con Guiñazú, con el propio Onetti, entre silencios y evasivas, con algún brindis solidario y ocasional, y luego bajar hasta el río y ver desde allí las últimas luces de Santa María, sin sentir miedo, ni júbilo, ni esperanza, sino sólo un poco de desánimo, y no en un momento exacto, sino en «un día de una semana de un año cuya fecha no me interesa averiguar»!

Las delicadas fronteras

Mis relaciones con Miguel Delibes, como supongo que les habrá ocurrido a otros lectores y escritores de mi generación, fueron durante un tiempo conflictivas. Y supongo que también se trató de un malentendido propiciado por una época en que comenzaban a difundirse, y a cuajar, en España las técnicas y modos narrativos de los grandes autores europeos y norteamericanos de entreguerras, y cuando de pronto, con una actitud tan animosa como atolondrada, el realismo menesteroso de los años cincuenta, y de paso cualquier otro tipo de realismo, fue declarado de una vez por todas vergonzante e inepto. Este país, que siempre tiene alguna cuenta pendiente con la historia, como no suele inventar sus propias cosas, ni en consecuencia sus propios matices, se limita casi siempre a tomar partido a favor o en contra de las ajenas. Yo había leído ya, con esa fervorosa y sabia inocencia con que se acostumbra a devorar las novelas del siglo XIX, *La sombra del ciprés es alargada* y, sobre todo, *El camino, El diario de un cazador* y *La hoja roja*. Y supongo que hubiera seguido leyendo a Delibes si no llega a ser porque, por entonces, me llegó la hora de tomar partido, y ante la disyuntiva, me decidí por ser indiscutiblemente moderno. Tardé en comprender dos cosas: una, que la moda en el arte es la modernidad hecha ya manierismo; otra, que Miguel Delibes es un autor moderno por la razón sencilla de que es intemporal. Ahora, que dicen que está volviendo el gusto de que la novela sea ante todo novelesca, y de que cuente mucho y de que se permita todas las trampas posibles con tal de que entretenga, se vienen a utilizar contra un Juan Benet, o un Juan Goytisolo, por ejemplo, los mismos argumentos excluyentes que en otro tiempo se usaron contra Miguel Delibes. Y es que hay que tomar partido, y afirmar un término conlleva condenar el contrario. A veces uno piensa que la intolerancia es más feroz en la estética que en la política. Pero es difícil entender estas cosas: del mismo modo que la política ha de inspirarse en la razón, las pasiones son potestativas del arte, y por eso el arte ha de asumir ciertas contradicciones que, fuera de él, son signo de barbarie. Uno tarda en entender, como nos enseña Truman Capote, la diferencia entre escribir bien y escribir mal (y Delibes escribe, por cierto, con esa rara perfección renacentista que se consigue cuando se acierta a unir indisolublemente la lengua hablada y la lengua escrita), pero aún tardará más en distinguir esa frontera delicada y brutal que media entre escribir bien y hacer una obra de arte. Y quizá por eso, Delibes es un hallazgo propicio para la juventud y para la madurez.

A mí con Delibes me reconciliaron mis alumnos de bachillerato. Una de las ventajas de ser profesor son las lecciones que uno recibe si se es razonablemente humilde para recibirlas. A los jóvenes, instintivamente, les gusta Delibes. Como decía Ortega de Baroja, Delibes es de esos novelistas que, en la primera página, te cortan la retirada, y ya no hay más remedio que seguir adelante. «Un novelista para jóvenes», piensa uno entonces, no sin cierto desdén. «Un novelista meramente gracioso», es seguro que dijeron durante más de un siglo muchos de los lectores del *Quijote*. Uno tarda en reconocer la sabiduría cuando viene disfrazada en el difícil arte de la sencillez. Delibes ha ahondado en la vida hasta una profundidad que sólo el tiempo acertará a medir con precisión.

Del *Quijote* dijo Vossler que es como una lagunilla que cualquier niño puede bordear sin peligro, pero donde el sabio más sabio se ahogaría si intentase cruzarla a nado. Y esto es lo que también puede decirse de Delibes: que tiene ese doble y endiablado encanto del arte que, en su discreción, lo está diciendo todo.

De adolescente bordeé a Delibes; de adulto, sigo cultivando el placer de bordearlo y, a veces, de cruzarlo a nado. Tal es, en definitiva, el privilegio de los clásicos.

Malos tiempos para los buenos libros

Hace poco, alguien me preguntó: «¿De qué modo ha influido en ti *El gran momento de Mary Tribune?*». Era la primera vez que me hacían esa pregunta, así que di un respingo y contesté: «¿Cómo lo has adivinado?». Porque Juan García Hortelano, en efecto, ha tenido siempre algo de autor medio secreto, casi clandestino, del que muchos hablamos con fervor, pero al que otros muchos sobreentienden o ignoran. Muchas veces me he preguntado por qué este enormísimo escritor no ha alcanzado la fortuna literaria que merece su obra. Quizá se deba a los malos tiempos en que le tocó publicar sus primeros libros. O quizá sea que con el estruendo de la nueva narrativa y con el chantaje de la moda se ha decidido olvidar a una generación que, en tanto no se demuestre lo contrario, literariamente vale más que la nuestra. La historia, que ahora sabe más que nosotros, quizá no tarde tanto en resolver estos enigmas.

Pues bien, en aquellos años en que ni la juventud ni la índole de los tiempos permitían pactar con cualquier estética ni, por añadidura, con cualquier moral que no viniese acreditada por cierta garantía de subversión, uno se topó casualmente con *Tormenta de verano*, y aquél fue el principio de una larga, insólita y feliz devoción literaria. Era aquélla la época en que uno empezaba a descubrir zonas secretas de la novela, cuando a Robert Musil o a Joyce había que comprarlos furtivamente y se hablaba de ellos con la vehemencia de lo prohibido o de lo hermético. Entonces, leerlos y estudiarlos, y sobre todo confrontarlos con el paisanaje narrativo del momento, era saber mucho de literatura. Por eso dije insólito, porque nunca creí que, en tales circunstancias, aquella novela y aquel autor de nombre tan rotundamente hispánico me entusiasmasen tanto y tan de golpe. Luego vendrían otras *(Mary Tribune, Gramática parda)*, y en todas volví a encontrar la mágica solidez de un mundo lleno de una profunda intención moral y de un virtuosismo literario (¿dónde hay tanto y tan esencial dispendio de matices?) que confunde y asombra. Esto tiene un nombre: sabiduría. Y de ese saber uno ha aprendido lo que sus luces y su entusiasmo le han ido dejando.

Luego, en estos dos últimos años, tuve la suerte de conocer a Juan personalmente. No es un elogio hecho: los que lo han tratado saben muy bien qué tipo de privilegio era éste. A mí me gustaba mirarlo a hurtadillas y pensar que tenía algo así como un modo cómico de parecerse a sí mismo. Era chiquito, y nada matón (ni siquiera cuando el Atlético de Madrid acertaba a ganar algún trofeo), y andaba muy sobrado de ese encanto que da la torpeza cuando viene de vuelta de tantas mundanerías. La boca le hacía un morrito que le ponía muy galante y holgada la oratoria. Sabía contar las cosas al modo antiguo y auténticamente oral, pero a la vez uno descubría al entrevero su enorme talento de escritor y sus muchos expedientes narrativos: la fuerza invisible del ritmo (y de una milagrosa brillantez invisible era también su prosa), el ingenio cortésmente atenuado, la melancolía de la paradoja, el mero gusto del contar por el contar, el juego de las expectativas, la sutilidad despachada sin el menor énfasis, y que uno agradecía porque significaba un secreto homenaje a la inteligencia del oyente. Uno, que era amigo suyo hacía poco, sentía al estar con él que la amistad era ya antigua, ancha y contrastada. Misterios invisibles del corazón.

Abro al azar un libro suyo, y leo: «El agua fría me ensució con la memoria de la noche, en su conjunto y en detalle». Uno piensa entonces que, afortunadamente, Juan García Hortelano sigue estando más vivo que muchos de nosotros.

En las melancolías de la madurez

Parece que hay unanimidad al respecto: siempre nos gustó Borges, y de él puede decirse lo mismo que él declaró de los libros clásicos, que no son necesariamente los mejores, sino más bien aquellos que las generaciones han decidido tomar por ejemplares e insondables, de modo que (más por inercia y superstición que por convicción y criterio) acaban por leerse «con previo fervor y con misteriosa lealtad». Y algo de fatal hay, en efecto, en la presteza servicial con que Borges nos sale al paso apenas nos ponemos a hablar o a escribir de cualquier cosa, de religiones, de ríos, de cine, de civilizaciones, de monstruos, de libros, de desiertos. Hojeamos tratados de filosofía, de ciencia, de historia, de política, y a las pocas páginas allí está él, inevitable como el laurel en los pucheros, iluminando de pronto la discusión con alguna sentencia en cuyo fondo suele latir el enigma, cuando no el sofisma, de una paradoja ante la cual no queda sino callar y sonreír.

Su ubicuidad sólo es comparable a la de Ortega, precisamente su contrario estilístico, como si ambos se hubieran confabulado para ilustrar la tentación que ejercen sobre nosotros, los lectores y los escritores, esas dos voces antagónicas: la cau-

dalosa y digresiva y olímpica y envolvente de Ortega, y la lacó-
nica, pero no menos teatral y efectista, de Borges. Las dos es-
cenifican las ideas, a juzgar por la luz excesiva con que las ilu-
minan. Las dos las exageran, y no hay más que ver cómo uno
las elude y el otro las excede. Son dos formas opuestas, pero
complementarias, de elocuencia: lo que uno pierde en conca-
tenación y juicio, lo gana en intuición y enjundia; lo que el
otro gana en encanto, lo pierde a veces en hondura y rigor.
A Borges el pudor lo obliga a ser racional cuando es poeta, y a
ser lírico cuando se atreve a ser pensador. Y esos contrasenti-
dos descuidadamente calculados, o espontáneamente fingidos,
ayudan a fundar una leyenda que, como todas, es hospitalaria
y acoge con gusto cuantos rumores sin patria acuden a su puerta. Su erudición es enorme, se dice, pero yo sospecho que es
más verosímil que real, como corresponde a lo que no aspira
a ser sino un ejercicio literario. Y sí: acostumbra a glosar por
menudo la obra de autores marginales, casi ignorados, como
si para él lo exótico fuese lo diario, en tanto que a los princi-
pales, o bien los obvia, dándolos por sabidos, o bien se detiene
a comentar algún detalle en apariencia intrascendente, pero
donde él encuentra o juega a encontrar el resorte que nos fran-
quea la puerta hacia el tesoro. Y bien contante y sonante, por
cierto, que lo crea con el oro vano y puro de la apariencia. De
ese modo, se adueña de éstos y reivindica a aquéllos, y fabrica
el espejismo de una sabiduría muy sazonada, pero que en el
fondo acaso es sólo extravagancia enciclopédica. Yo sospecho
que Borges sabe tanto de teología o lingüística como de pulpe-
rías, compadritos, esquinas rosadas, guapos y prostíbulos. Su

saber es ante todo poético y se nutre a menudo de vislumbres y pálpitos, de la misma manera que su poesía es una prolongación imaginaria del conocimiento, y gran parte de su obra es el producto de ese coloquio equívoco entre el corazón y el intelecto.

Pocos artistas hay que, como él, nos hayan enseñado de una vez por todas hasta qué punto la razón es fuego, y cómo la trémula geometría del pensamiento y su clara sintaxis pueden llegar a conmovernos como un verso inspirado.

Igual que Kafka, también Borges ha creado a sus precursores, y así como resulta ya imposible leer las desventuras del escribiente Bartleby sin evocar por ejemplo al artista del hambre, también en escritores de otros tiempos y estilos («en vano el mar fatiga / la vela portuguesa», no me resisto a citar) sentimos nosotros una prefiguración de lo que luego será Borges. En él se agolpa y armoniza la más dilatada y a la vez escogida tradición literaria. De Borges nos llegan los ecos redivivos de los clásicos grecolatinos o españoles, pero mezclados con tramas dignas de Chesterton o Stevenson, y todavía exornadas con motivos orientales o célticos y con sutilezas traídas de Berkeley o de Schopenhauer, por no hablar del son de la milonga y de ese mundo inquietante y exótico que era para él la cosa popular. Y muchas otras finezas retóricas que él combina y congenia y remoza con una elegancia y un ingenio como pocas veces se ha visto en nuestra lengua.

Y, sin embargo, a pesar de la graciosa brevedad de su prosa, y de una pulcritud muy elaborada pero que algo tiene de la vieja naturalidad renacentista, así y todo nos disuade de intentar escribir la página perfecta. La página perfecta, nos advierte, nos desengaña, no existe: es sólo una ilusión. La página perfecta es cualquiera de las de Shakespeare o del *Quijote*, capaz de sobrevivir al azote de memorillas, copistas, impresores, traductores, glosadores, hermeneutas y otras piraterías. Y eso nos lo dice con sus páginas perfectas, donde es verdad, o al menos lo parece, que no se puede cambiar una palabra o una coma sin que el edificio entero se resienta. Ante el manuscrito definitivo de «El muerto», uno de los cuentos de *El Aleph*, yo he sentido el vértigo de que la nitidez de su letra recta y caligráfica, sin una sola tachadura, era la sombra exacta de la pureza de su estilo. En «El espejo y la máscara», se nos cuenta que un poeta, a petición de un rey, logra crear un poema épico de un solo verso, pero tan ardiente y esencial que destruye a quien lo oye, quizá porque la suprema belleza, como la cara de Dios, no tolera ser mirada de frente. Yo siento que tal es el ideal estético de Borges: meter el mundo, o al menos un buen pedazo de él, en la secuencia mágica de unas breves palabras.

¿No decía Pessoa que la precisión es la lujuria del pensamiento? Pero, de un modo u otro, sobrio o lujurioso, esencial o bizantino, argentino o universal, grave o ligero, el caso es que, según su retórica se va gastando para el asombro, aparece debajo, como en un esgrafiado, el temblor emotivo que la sustenta o justifica. Y allí está la nostalgia inconsolable de algo, quizá de la naturaleza, o de la sencilla plenitud de una vida de acción, o el remordimiento, como él mismo nos confiesa en un poema, de no haber sabido ser feliz junto a las cosas (la tierra, el agua, el aire, el fuego), sino junto a la sombra de ellas, las naderías del arte y las palabras. Y así Borges, que tanto nos asombró en la juventud, nos acompaña ahora en las melancolías de la madurez.

¿Adónde has venido a parar?

A ser posible, *Robinson Crusoe* hay que leerlo en una tarde desapacible de invierno, cuando el hogar recupera su condición originaria de refugio frente a las amenazas de un mundo siempre hostil. Acabamos, pues, de llegar de la calle, y la tempestad urbana y laboral nos ha arrojado a estas playas de consolación donde empezamos a leer las peripecias de Robinson Crusoe, narradas por él mismo en 1659 y por Daniel Defoe sesenta años después: es decir, por una especie de Robinson Defoe, que nos cuenta de qué modo el ensueño del mar y la aventura le envenenó el alma, y en vez de seguir los designios paternos y estudiar Leyes y labrarse un porvenir próspero y seguro, disipó su juventud en vanas fantasías, hasta que al fin sucumbió a ellas, huyó de casa y se embarcó en un buque, y así comienza una de las historias más extraordinarias que se hayan contado jamás.

La narración está presidida por el destino, como en las tragedias griegas, pero con una resonancia simbólica cristiana y un aire racionalista de época que eliminan cualquier invitación a subordinar la vida al azar y al absurdo. Diríase que, al caer en la tentación de probar el fruto prohibido de los horizontes sin fin y de la vida libre y vagabunda, donde no hay otro tiempo que un presente no contaminado por el trabajo y el futuro, Robinson Crusoe es expulsado de la familia, de la sociedad, de la civilización: del razonable y laborioso paraíso que el hombre ha logrado forjarse, y ése es el pecado que habrá de purgar casi toda su vida, hasta alcanzar la redención a través del dolor y de la soledad. Pero esta interpretación trivial (que fluye bajo el relato sin aflorar nunca a él) no vale nada, es mera calderilla ideológica, al lado de la magia inagotable de la propia aventura. Se embarca hacia Guinea, es apresado por un bajel moro, conoce la esclavitud, huye de ella en una balsa, mata un león, prosigue sus andanzas, llega a Brasil, donde funda un ingenio de tabaco y azúcar, y donde parece que al fin va a convertirse en un hombre respetable, a integrarse de nuevo –hijo pródigo– en la sociedad. Pero no: la pasión del mar, de la libertad y del riesgo, enmascarado de viaje de negocios (y cómo no acordarse de Simbad) puede más que la razón, y de nuevo se embarca rumbo a su tierra prometida: el naufragio y la isla, y el inicio de una aventura que tiene el encanto inédito de un cierto sedentarismo, tal como nosotros, los lectores, arrellanados en nuestro sillón, y mientras afuera ya es de noche, sopla el viento y la lluvia bate los cristales, seguimos leyendo: una isla de palabras en un mar de silencio.

Pero nosotros disponemos de un lugar seguro y de todo tipo de objetos para nuestro bienestar. Robinson Crusoe todavía no: sólo tiene un cuchillo, una pipa y un poco de tabaco. Y su capacidad de pensar, desde luego, y de encontrar en la reflexión remedios ingeniosos contra la adversidad. Porque *Robinson Crusoe* es, entre otras muchas cosas, un elogio a la razón, en los tiempos en que aún la razón no ha producido monstruos y se confía en ella con una fe que hoy nos conmueve por su clara inocencia. El relato, contado con la exactitud y la sobriedad de una crónica, nos va llenando nuestro hogar de lector con todos los objetos que Robinson va rescatando del buque varado: el arca del carpintero, las escopetas, los mosquetes, los frascos de pólvora, los cuchillos, las hachas, los barriles de galletas y las pipas de ron, y toda esa relación de cosas prácticas y buenas nos hace descubrir y apreciar las que también nosotros tenemos en casa y a las que por costumbre no les prestamos atención. Y de pronto miramos de otra forma los útiles irreemplazables y benéficos que nos rodean, y la fruición de la lectura se confunde con el disfrute de nuestro bien provisto entorno. Vamos a la cocina y volvemos con algo para comer y seguimos leyendo. Un delicioso y cálido sentimiento de seguridad nos envuelve mientras acompañamos a nuestro héroe en su esfuerzo por construirse también un hogar, un refugio contra los azotes de la naturaleza y del precario oficio de vivir.

Yo no sé cuántas veces habré leído este libro, uno de los pocos que tienen la virtud suprema de convertirte continuamente en un lector primerizo. Porque por muy avezado que estés en trucos de ficción, siempre te atrapa en las primeras páginas y te impone su realidad imaginaria con una autoridad ante la que no cabe escapatoria. En muy pocos libros naufraga uno con tanta veracidad como en *Robinson Crusoe*, y quizá en ningún otro haya tantos detalles, y tan prosaicos y a la vez tan poéticos como aquí. Yo me imagino el menú de un día cualquiera en la vida de Robinson Crusoe y me da la impresión de estar recitando versos clásicos donde los haya: de primero, unos huevos cocidos de tortuga, después carne asada de llama, acompañado todo de pan de trigo o de cebada, y de postre unas pasas, una cidra y un trago de ron. Y tampoco falta la sensualidad del dinero y de las mercancías y de los réditos, que tanto contribuyen a hacer más seguro un mundo inequívocamente burgués: libras esterlinas, onzas de oro en polvo, duros portugueses, doblones, piezas de a ocho, cajas de azúcar, rollos de tabaco, colmillos de elefante, pieles de leopardo, y todo cuanto los lectores queramos añadir. Éste es –en el buen sentido de la palabra– un libro iniciático, donde la transgresión de la aventura se armoniza desenfadadamente con una mentalidad burguesa libre de toda culpa. Porque Robinson Crusoe es el primero y más grande héroe de la edad inocente o idílica de la burguesía, cuando no existe ni sombra de las contradicciones insolubles entre la norma y la ruptura que tanto atormentará dos siglos más tarde a los descendientes de aquellos pioneros de la civilización.

Fernando Savater ha observado muy bien que Robinson Crusoe es el padre del bricolaje, y no hay más que enumerar: Robinson es cazador, carpintero, alfarero, agricultor, ganadero, pescador, médico, arquitecto, panadero, sastre, peluquero, estratega... No hay oficio que le sea ajeno. Y, como en una miniatura de la historia del hombre, también él descubre la necesidad de un Dios que lo proteja y le dé algún sentido a su vida. Es decir, que también hay un Robinson metafísico, que intenta responder a las preguntas esenciales que le plantea *Poll*, su papagayo: «¡Robin Crusoe! ¡Pobre Robin Crusoe! ¿En dónde estás, Robin Crusoe? ¿En dónde estás? ¿Adónde has venido a parar?».

Y luego, cuando con el sudor de su frente ha conseguido convertir su isla poco menos que en un paraíso, un día descubre la huella en la playa y la irrupción amenazante del prójimo, ante el cual los peligros de la naturaleza son apenas un juego. Y hay como un desencanto cuando aparece el buque que habrá de devolverlo a Inglaterra. También los lectores hemos vivido felizmente náufragos en la isla del libro y ahora nos sentimos expulsados de ella por esos intrusos que vienen a salvar a Robinson pero también a romper la utopía de la soledad. La dulce épica de la soledad. Porque ésta era, pues, la ínsula prometida en un mundo racionalista que se encamina ya hacia su edad contemporánea.

Cerramos el libro y también nosotros, como Robinson Crusoe, regresamos a la realidad y a la tribu de la que un día partimos en busca de esa gran aventura esencial que es llegar a conocerse y a ser de verdad uno mismo. Y regresamos enriquecidos, sabios en el supremo arte de ser sociales sin dejar de ser únicos. Hemos concluido la lectura, pero este libro es inagotable, y otra tarde del próximo invierno regresaremos a la isla, asombrados y felices como el primer día.

Si yo supiera contaros una buena historia...

Antes de abrir siquiera este nuevo libro de entonces, *La infancia recuperada*, de Fernando Savater, he preferido releer mi vieja edición de 1976. Uno lee un libro, vuelve a él al cabo de los años y ocurre que, más que leer el libro, está leyendo la lectura de ayer: se lee a sí mismo, como si hiciera su autorretrato de lector. Diríase que el tiempo reescribe los libros al modo con que Pierre Menard elabora el *Quijote*. No es necesario alterar ni una coma: con cambiar la perspectiva es suficiente para que el libro resulte novedoso. En un rincón de las páginas blancas de cortesía, escrito a lápiz, encuentro un nombre, una fecha, un número de teléfono. Otro número, 265, es el precio en pesetas de entonces. Hay también una cita, ésta literaria, y algunos dibujos geométricos, producto acaso de algún ocio melancólico. El libro está subrayado aquí y allá, enérgicamente a veces, y hay notas manuscritas al margen. Ésta fue sin duda una lectura apasionada, como no podía ser menos en páginas también escritas con pasión. Fernando Savater recupera la infancia y algunos aprovechamos para recobrar ahora algunas hilachas de nuestra juventud.

Comienza uno a leer con ese vago temor que produce el

reencuentro con viejos amigos. ¿Habremos cambiado mucho? ¿Nos seguirán regocijando las afinidades y controversias de ayer? Y, sobre todo, ¿qué nuevas habrán agregado los años por su cuenta? Porque la lectura de un libro no concluye con la última página. Cuando un libro nos ha entusiasmado de verdad, se convierte en una especie de recipiente disponible para admitir en el futuro añadidos imaginarios, episodios provenientes de otras latitudes, pero que nosotros emparentamos con lo que allí leímos hasta confundirlo todo en ese saludable bullicio que es el río de la vida. Yo recuerdo la perplejidad que me produjo la relectura de *Rojo y negro* cuando, al llegar a la escena erótica del jardín de Madame de Rênal, descubrí que los amantes primerizos apenas llegan a cogerse la mano donde yo daba por seguro que había caricias mucho más atrevidas: las que yo había consumado al suplantar en mis fantasías a Julien Sorel. Quién sabe: quizá la pervivencia de un libro se mida por las atribuciones apócrifas que ha promovido a lo largo del tiempo. Y así debe de ser, porque la primera sorpresa de *La infancia recuperada* es que tenga sólo 13 capítulos. ¿Dónde están entonces, me pregunto, aquellas páginas inolvidables sobre Robinson Crusoe o sobre Simbad que yo juraría haber leído aquí? ¿Dónde aquella feroz diatriba contra los novelistas discursivos? ¿Las he soñado? ¿Las he trasvasado rumbosamente de otros libros a éste? ¿Se las comieron los ratones? Como ocurre con esos sueños que no logramos luego recordar, pero cuya presencia nos sigue saturando de dulzura o tristeza durante muchos días, así también a veces lo sustancial de un libro no es tanto lo que permanece objetivamente en la memoria como la sugestión que nos produjo al leerlo: una cierta atmósfera sentimental, que forma parte ya de nosotros mismos, de nuestra difusa sabiduría, y que nos confirma que, en efecto, la razón es la que busca y el corazón es casi siempre el que acaba encontrando.

De ese modo, más o menos, recuerdo yo el primer capítulo y el epílogo de *La infancia recuperada,* que muchos leímos como lo que eran: un manifiesto literario. Aquí están, en efecto, esas páginas donde se reflexiona magistralmente, pero sin vocación de magisterio, y con un singular sentido común, sobre el viejo arte de la narración, y se arremete de paso contra las lecturas estruendosamente intelectuales, de esas que van a la caza mayor de segundos sentidos, dejando por caridad los primeros para lectores menos perspicaces. Confirmo también que, al defender al narrador, Savater propina algún que otro escobazo al novelista de historias psicológicas o discursivas. ¿Cómo un libro sobre los libros de aventuras, o, sencillamente, cómo un libro de Savater no habría de tener también su porción de piratas sobre los que lanzarse al abordaje? Y, sin embargo, la arremetida es mucho menos encarnizada de lo que uno había supuesto. O mejor dicho: de lo que nos pareció en una época en que esas batallas fueron espectaculares y hasta decisivas. *La infancia recuperada* sigue siendo un libro lleno de encanto, de talento, de amenidad y de intención, pero en su tiempo fue además un libro emblemático. Su estilo cordial y desenfadado (o irreverente, como se decía entonces: ese modo tan de Savater de tratar asuntos importantes sin llenarse también él de importancia) hoy forma parte de la retórica de curso legal.

Pero aquellos tiempos eran otros. Eran, por ejemplo, los años en que ciertas corrientes del estructuralismo empezaban a difundirse académicamente en España. Del múltiple estructuralismo, y salvo las consabidas excepciones, en España se importó la teatralidad del gesto y el gusto ceremonioso por lo hermético. Era, en general, un estructuralismo solemne y lleno de responsabilidades y de carraspeos profesorales, que sacralizó el libro convirtiéndolo en texto y condenó por superflua la lectura efusiva y espontánea de siempre, como muy bien saben los bachilleres desde entonces. Lo que fue vanguardia en otros tiempos había degenerado en manierismo y preceptiva, y eran muchos los dómines que desacreditaban cualquier novela que osara incurrir en el anacronismo de contar una historia o no hiciera al menos ostentación de su aparato técnico. Así que Savater no sólo recuperó la infancia de la nostalgia y del olvido: también de esos dragones que la tenían cautiva en el reducto del dogmatismo estético. Y la recobró además con una alegría contagiosa cuyo epicentro en aquel ambiente de pesadumbre yo me lo imagino como una gran carcajada general y poco menos que catártica. Así que *La infancia recuperada*, ya en su propio tono desembarazado, tuvo mucho de manifiesto a favor de que la lectura y los libros fuesen libres, como el amor, y no exigiesen de la tutela y el escrutinio de aquellos nuevos evangelizadores. Casi veinte años después, uno constata que la sabia irreverencia de Savater o de Cortázar se ha degradado en lindeza lúdica y acaso en coartada para poder hablar de todo sin saber de nada, y que ese estilo se ha canonizado y tiene ya, cómo no, sus sumos sacerdotes. Por eso convendría leer o releer este libro, aunque sólo fuese para entender lo serio y lo laborioso y lo disciplinado que hay que ser para que el don del desenfado no se agote en su propia apariencia.

Leo la nueva edición y compruebo que el autor ha restaurado el capítulo sobre Robinson Crusoe que se comieron los ratones. Lo demás sigue igual, y el libro guarda intacta la seducción de un tono de voz que se dispone a contarnos una historia estupenda. Es una voz que reflexiona y cuenta al mismo tiempo, y que en algún instante nos dice que la filosofía también es narrativa, y que tiene su trama, sus personajes, su *suspense*. Así se lee *La infancia recuperada:* como una aventura sobre la aventura de leer. Todo ocurre entonces como en una galería de espejos: un lector, Savater, escribe un libro sobre algunos de los mejores libros que recuerda, otro lector lo lee y, al cabo del tiempo, escribe algo sobre lo que recuerda de ese libro, otro lector lee estas líneas donde se evoca el recuerdo de un libro que a su vez evocaba otros libros (los de Borges, por ejemplo), que nos invitan de nuevo a extraviarnos un poco más en este laberinto de papel. «Si yo supiera contaros una buena historia, os la contaría. Como no sé, voy a hablaros de las mejores historias que me han contado.» Y entonces uno se acomoda como para un largo viaje y comprende la facilidad con que a veces nos sorprende la dicha.

V
Pedagógicas

Duendes en la galaxia Gutenberg

Cuando hace ahora más de treinta años publicó McLuhan *La galaxia Gutenberg*, y cuando por todo el mundo industrial se inauguraron oficialmente las exequias por la cultura impresa, aquí en España empezaba a difundirse el libro de bolsillo. Extraña contradicción. Nuestra historia, tan proclive a los hiatos y a los anacronismos, nos concede a veces el privilegio de llegar vestidos de fiesta a los funerales y de riguroso luto a las parrandas. Pero esta vez nuestra impuntualidad histórica quiso que el atuendo festivo resultase oportuno e incluso profético. Porque, visto a la distancia, *La galaxia Gutenberg* puede interpretarse como un homenaje secreto o negligente a la literatura. Leemos allí que la imprenta impuso una manera lineal de percibir la realidad (y así, por ejemplo, una media de nailon, con sus rayas, y un libro, con sus líneas, están concebidos según el mismo patrón mental), en tanto que la galaxia eléctrica propone una percepción simultánea de la realidad (por ejemplo, el cubismo, el collage o los caligramas de Apollinaire). Y asegura McLuhan que la galaxia eléctrica está a punto de sustituir a la tipográfica. Para hacer extensiva la deducción al mundo de la costura, advierte también McLuhan que el *hoola-hoop* supone la conversión secreta o inconsciente de la rueda en minifalda, y que como ésta la usan las tribus primitivas, el juego del aro en la cintura anuncia la vuelta irremediable a la sociedad tribal. A la larga, a mí me parece que lo que McLuhan ha demostrado es que todavía se pueden escribir buenas historias, y que el género apocalíptico está aún muy lejos de agotarse. Es más: la galaxia bibliográfica que ha generado su teoría ha contribuido a desmentir el pronóstico, y su vaticinio ha sido algo así como intentar apagar el fuego con más leña. No deja de ser tampoco, si no una contradicción, sí al menos un sarcasmo, que fuese precisamente por esos años cuando muchos de nosotros comenzábamos a descubrir a ese ilustre difunto, que otros estaban ya enterrando con todo lujo de responsos. Eran los tiempos en que las aguas negras de la posguerra comenzaban a juntarse con las turbias y prometedoras de la explosión urbana e industrial, de modo que, en efecto, fuimos muchos los que en aquellos años fronterizos saltamos en marcha de los viejos tiempos a los nuevos, como los forajidos que a caballo salteaban los trenes, sólo que aquí el botín era en principio el bachiller y los idiomas. O, si se prefiere, la cultura, que ha sido al fin y al cabo el mejor redentor de los burgueses de medio pelo desde la Enciclopedia a nuestros días.

Teníamos por esas fechas dieciocho o veinticuatro años, y algunos más de treinta, y andábamos siempre con sueño atrasado y con una desinformación intelectual que, a juzgar por la hambruna de las ilusiones y el estruendo de los ecos, empezaba ya a ser lo que ahora es: tardía y enciclopédica. Casi todos trabajábamos por el día en algún banco o casa de comercio, y al anochecer nos apresurábamos por pasajes y andenes hasta alcanzar un portal tenebroso y adentrarnos por él en las penumbras de la galaxia Gutenberg. Era aquélla, ni que decir tiene, la edad dorada de las academias nocturnas. Entonces había muchas, y por lo general estaban situadas en pisos viejos y laberínticos, a menudo interiores, que también a menudo servían de vivienda privada a los fundadores y dueños del emporio, y donde se impartían, además de las materias del bachiller, otras tales como mecanografía, taquigrafía, comercio, idiomas, electrónica e incluso corte y confección. No era extraño que, en esas condiciones, los profesores fuesen todos polifacéticos, que un abogado diese filosofía y latín, que las matemáticas corrieran a cargo de un administrador de fincas urbanas, que poseía además vastas nociones de otras ciencias afines, o que, sencillamente, la propia familia del propietario se repartiese entre sus miembros las asignaturas del programa. Sin embargo, a pesar de que todo parecía preparado para la confusión y el guirigay, lo primero que a uno le sorprendía al entrar al anochecer en aquellos recintos era la densidad sobrenatural del silencio, perturbado apenas por la apagada salmodia de algún profesor en trance magistral, la lejana granizada de los mecanógrafos o los crujidos lúgubres del entarimado, que de vez en cuando se ponía a sonar por su cuenta. No era raro sorprender, por alguna puerta entreabierta, escenas fugaces de la vida privada de los dueños: una familia cenando en silencio, un niño con chupete sentado insomne en un orinal, una mujer con bata acolchada o un hombre que, tras haber explicado con desgana a Platón, aparecía ahora en un salón de estar cortándose afanosamente las uñas de los pies. Quizá por eso, cuando algún tiempo después leí a Kafka, apenas me sorprendió que las oficinas judiciales se localizaran en lugares tan inverosímiles como un granero o un inmueble de vecinos perdido en el suburbio, o que el verdugo ejerciese su oficio en el cuarto de escobas de un gran banco. En una de esas academias, que de todo había en ellas, tuve yo la suerte de ir a dar con Gregorio Manuel Guerrero, uno de esos hombres sabios y anónimos que floreció nadie sabe cómo en el erial franquista, y que puso un poco de orden y sentido en nuestra animosa maraña intelectual.

Pero, de todas aquellas academias, recuerdo sobre todo una que quedaba por Fuencarral, en un piso segundo que daba a unos patios interiores donde nunca se oía nada salvo, en días de lluvia, un canalón ciego que vertía de lo alto. Todo era allí sucio y penumbroso. Una luz trémula de oratorio apenas se bastaba para poner en fuga la vaga perspectiva de unos corredores largos, de techos encumbrados y confín ominoso. El equívoco de los claroscuros, los espejismos del silencio, los recovecos y rincones: todo invitaba allí a la levedad y al devaneo. A la larga, aquel ambiente entre hospitalario y soporífero se me revela como una imagen exacta de la época. Más de un estudiante, rendido por una jornada laboral que había empezado con el amanecer, se quedaba dormido sobre el pupitre, mientras remotamente el profesor explicaba de Hegel lo único que al parecer había entendido de él: su oscuridad. Él soñaba con Hegel y el estudiante soñaba acaso con un automóvil, una muchacha y un domingo de sol. Hijos de la misma desdicha, parecían ambos representar los sueños monstruosos o líricos de la razón desvanecida.

A veces me pregunto qué demonios aprenderíamos allí, de qué nos hablarían aquellos dómines a los que malamente les llegaba el sueldo, la ciencia y la dignidad para sobrevivir, pero antes, y sobre todo, me pregunto cómo fue posible que en aquellas fatigas y penumbras surgiera un día en nosotros la idea esperanzada y milagrosa de un infinito laberinto en el que vivíamos sin siquiera saberlo. De niños, en la escuela, nos habían hecho aprender de memoria las ocho maravillas oficiales del mundo. Uno cogía carrerilla, comenzaba creo que por las pirámides de Egipto, pasaba por el Coloso de Rodas y los jardines colgantes de Semíramis y concluía, cómo no, en El Escorial. Y ahora, de pronto, vislumbrábamos por nuestra cuenta una novena maravilla, al lado de la cual las obras juntas nos parecían un juego inocente de niños. Una noche descubríamos a Camus, otra noche a Nietzsche, otra a Faulkner, y luego a Darwin, y de pronto a Rulfo, a Kierkegaard y a Barthes. En plenas exequias por Gutenberg, habíamos deducido que, desde la invención de la imprenta a nuestros días, el hombre (o, si se prefiere, la burguesía) había creado el prodigio de un laberinto de papel en el que ahora nosotros, famélicos y atónitos, empezábamos a internarnos. De repente, el mundo era una enorme biblioteca y había pasadizos que comunicaban los libros de mi casa con los que un colega tenía en la suya, y también había galerías en el tiempo que unían nuestros libros con los que tuvieron y frecuentaron Goethe o Victor Hugo. Todo eso sugeriría una trama inagotable de afinidades y agravios que nos inspiró la sospecha de que Nora, la heroína de Ibsen, era en realidad la hija que tuvo Emma Bovary, la cual, a su vez, resultaba ser la abuela de Greta Garbo y de Molly Bloom, y reconocimos a Edipo por la inconfundible fatalidad con que, cegado esta vez por el sol, apretaba el gatillo de una pistola en una playa solitaria de Argel. Todo lo que se había escrito estaba unido por parentescos intrincados, y es de suponer que aquel fervor analógico nos presentaba de pronto el mundo a la luz de una cierta armonía misteriosa de la que nosotros formábamos parte, redimidos de golpe no por Dios, en el que ya no creíamos, sino por la galaxia de Gutenberg, divinidad en la que muchos empezaban también a no creer por esas mismas fechas.

Pero, para muchos más, para todos esos desheredados de la cultura como forma de medro y dignidad, la hipótesis de McLuhan, de haberla conocido, les hubiese resultado hiriente y anacrónica: la galaxia estaba ya socavada en España desde mucho antes, y no tanto, para nuestra desdicha, por las amenazas de la electricidad como por la mera barbarie franquista, que nos obligó a soñar a Hegel desde la penumbra.

Incertidumbres de un profesor de bachillerato

Soy profesor de lengua y literatura en el bachillerato y, no hace mucho, me encontré en la calle con un colega, que me agarró del brazo y me urgió con un susurro apasionado: «¿Has empezado ya a renovar el currículo?». «¿El currículo?» «Sí, hombre, que si has empezado a reciclarte.» «Bueno», me disculpé yo, «he leído últimamente algunos libros. No sé si te referirás a eso.» «¿Por ejemplo?» «Pues, por ejemplo, *La condición humana*, de Hannah Arendt. Me ha hecho ver claras algunas cosas que tenía confusas, y al revés.» «¿Arendt? ¿Una profesora universitaria quizá?» «Pues sí.» «¿Discípula de?» «Creo que de Heidegger y de Husserl.» «Me lo temía. Veo que sigues tan clasista e higiénico como siempre. A un lado, Carrascal; al otro Schopenhauer. Aquí el bolero, allá la sinfonía. Cada cosa en su sitio, ¿eh? En la época de Internet y de la cultura babélica, y tú todavía con la tiza, el encerado y tu tablita de valores», y yo hube de bajar los ojos, avergonzado ante el vislumbre de mi ineficacia.

Luego, poco a poco, confundido con las duplicidades de mi condición y acosado por la modernidad educativa, me he ido convenciendo de que, en efecto, soy un profesor clasista y anacrónico. Hasta hace unos meses yo abjuraba, por ejemplo, de la idea de que la lectura es una forma como otra cualquiera de placer. Un acto lúdico, como suele decirse. Y argumentaba que yo he conocido a mucha gente eufórica cuando grita: «¡Me voy para el fútbol!», pero no he visto todavía a nadie que, ante la perspectiva de una tarde consagrada a la lectura, diga: «¡Hala, a engolfarse en *La Celestina*», o, frotándose las manos con fruición: «¡Y esta noche... Unamuno!». No, yo pensaba más bien que hay cierta cultura que no se nos regala por obra y gracia de las experiencias espontáneas, como tampoco se nos da de balde la adquisición de un idioma o el manejo de un instrumento musical. De modo que a mí no me importaba que mis alumnos, esos angelitos, se me aburrieran a veces en las clases. Era inevitable: aprender cuesta, y supone una disciplina, un entrenamiento y un esfuerzo, por más que a la enseñanza se le quiera aplicar también esa norma de oro de la publicidad según la cual un anuncio no debe contener nada susceptible de ser rechazado por el consumidor. Yo era, en fin, de los que temían que la cultura de masas acabara invadiendo ese último reducto de las humanidades que son las escuelas. Pero ahora sé que eso fue en otros tiempos, que ya no existe un referente cultural único, y que la idea de imponer la autoridad del viejo canon escolar sobre los otros no sólo es estéticamente rancia, sino que esconde además el rejón venenoso de una mentalidad reaccionaria que no se aviene a claudicar: un nuevo y sutil modo de elitismo y de dominación. Así que, finalmente, después de vencer no pocos escrúpulos, también yo he decidido reciclarme.

Mis últimas clases, por ejemplo, han versado (y espero que nadie esboce una sonrisa jactanciosa) sobre esa insólita figura cultural que es Chiquito de la Calzada. Les he explicado a mis alumnos que, antes que cómico, Chiquito fue palmero y cantaor flamenco y que alcanzó a vivir el submundo del señoritismo andaluz. Con su cante y sus palmas, entretenía a los señoritos, que le ponían rancho aparte, junto con el guitarrista, y luego en la sobremesa los reclamaban para la diversión. Eran criados, parte de la servidumbre, y supongo que descendientes de los antiguos bufones de corte. Pero Chiquito no era un bufón cualquiera. Chiquito estuvo de gira por Japón y allí aprendió a caminar con pasitos celestiales de *geisha*. Como Bertolt Brecht, Chiquito se quedó fascinado con el laconismo gestual y ceremonioso del Oriente. Por eso él no hace gestos completos: sólo los esboza. O los inicia y enseguida los suspende y se echa atrás, como asustado o maravillado de ellos. Chiquito es un artífice del asombro: los gestos maquinales, de los que no somos conscientes, él los interpreta como si los acabara de inventar. Chiquito de la Calzada utiliza, por lo mismo, expresiones extrañas en sus obras. No dice «papá», sino «papal»; dice «nor» por «no»; se inventa palabras y frases como «finstro» y «pecador de la pradera». El asombro ante los gestos se corresponde también con el asombro ante el lenguaje.

A mí se me ha ocurrido que se puede hacer una interpretación cultural de todo esto: deconstruir el discurso de Chiquito para volver a ensamblarlo audazmente en otro ámbito intelectual. Podría decirse, por ejemplo, que el éxito de Chiquito se debe a la nostalgia de los léxicos privados que hay en nuestra sociedad frente al lenguaje sagrado de la tribu: esto es, la nostalgia de las vanguardias que se fueron. Ya se sabe que el posmodernismo es precisamente eso: lo que está más allá de la modernidad, o, lo que es lo mismo, más allá de las vanguardias. Según Italo Calvino, las vanguardias comienzan a decaer porque las sociedades del bienestar se vuelven conservadoras y sienten horror a todo experimentalismo, a todo cuanto amenaza con traer algún cambio. Calvino dice que esto se produce durante esa segunda *belle époque* que fue la explosión económica de los años sesenta. Desaparecen entonces las utopías, desaparece el espíritu vanguardista, pero quizá queda la añoranza de los viejos sueños, del coraje de la novedad, y en el rescoldo de esos viejos ímpetus es quizá donde Chiquito encuentra la razón de su éxito. Chiquito, o la nostalgia de las vanguardias.

Esto es, más o menos, lo que les he explicado a mis alumnos, esos angelitos, bajo el epígrafe de *Un vanguardista rezagado o de Bertolt Brecht a Chiquito de la Calzada*, y ya ven ustedes con qué naturalidad he conciliado la cultura escolar con la de masas. Y recuerdo que, antes de abordar académicamente el tema, entré en clase imitando el modo de caminar del autor. «¿Quién es?», pregunté. «¡¡Chiquiiitooo!!», contestó el alumnado a coro. Creo que es la primera vez que ha habido en clase una participación unánime. Desde entonces, desde que me he reciclado, hasta mis colegas me miran con más respeto, y hasta es posible que también con un poco de envidia. Ahora estoy explicando unas letras de La Polla Records donde antes comentaba a san Juan de la Cruz, y la verdad, es tanta la expectación con que me escuchan mis alumnos, que a veces pienso si la enseñanza no se me estará quedando pequeña y no debería dar el salto definitivo a la televisión o a la política.

¡A aprender, al asilo!

Hasta no hace mucho, para ilustrar la majadería solían difundirse en las escuelas dos insignes perogrulladas literarias: la admiración de aquel portugués ante el prodigio, diabólico sin duda, de que «todos los niños de Francia supieran hablar francés» y la del personaje de Molière que un día descubre, atónito, que toda su vida ha estado hablando en prosa sin saberlo. A mí nunca me han parecido tan atolondrados o superfluos esos dos motivos de estupor, y el hecho de que, muchos años después, volvamos a encontrarlos en algunos fundamentos del estructuralismo lingüístico invita a pensar que si son memorables no es tanto por el mero valor de la comicidad como porque enmascaran unas cuantas verdades obvias e inquietantes.

Desde muy pronto, en efecto, adquirimos la lengua materna con una perfección pasmosa, manejamos felizmente la morfología y la sintaxis, distinguimos sin error las sutiles diferencias entre los verbos *ser* y *estar;* sin embargo, no hemos estudiado gramática para ello. Lo sabemos porque lo sabemos, un poco al modo de aquellos santos varones que recibían por arte angélico el don de las lenguas o el dominio magistral de la apo-

233

logética. Pero sucede, claro está, que a la sabiduría que se obtiene espontáneamente, y que además no es privativa de uno, sino de toda una comunidad, no se le da importancia, y ni siquiera somos conscientes de ella. Y algo semejante pasa con los libros que hemos leído sin leerlos. Los libros flotan en el aire, en el lenguaje, en el ambiente, en la memoria colectiva, y forman parte de nuestro carácter e ideología más de lo que creemos. Es como el oxígeno: podremos ignorar lo que es, e incluso que existe, pero lo respiramos. Supongo que por eso decía Faustino Cordón que debe de haber muchos conductores de autobuses aristotélicos, del mismo modo que entre la gente iletrada que cuenta sus experiencias, uno puede jugar a descubrir las influencias literarias de Quevedo, Conrad o Stendhal. En fin, que si tuviésemos la lucidez seráfica de aquel buen portugués, nos sorprenderíamos de las muchas cosas inadvertidas que sabemos, y en eso consistía el método didáctico de Sócrates: en despertar en el interlocutor la consciencia del saber difuso.

Pues bien, algo similar ocurre con la narración. Todos somos narradores y todos somos más o menos sabios en este arte. ¿Y cómo no habríamos de serlo si casi todo el tiempo que dedicamos a comunicarnos con el prójimo se nos va en contar lo que nos ha sucedido o lo que hemos soñado, imaginado o escuchado? Espontáneamente, instintivamente, el hombre es un narrador.

Todos somos Simbad, ese pacífico mercader que un día se embarca, sufre un naufragio y corre aventuras magníficas. Luego, pasados los años, regresa para siempre a Bagdad, retoma su vida ociosa y se dedica a referir sus andanzas a un selecto auditorio de amigos. «Vivir para contarlo» se dice, y no otra cosa hace esa mujer que vuelve del mercado y le cuenta a la vecina lo que le acaba de ocurrir en la frutería. Ignoro por qué, pero nos complace narrar, recrear con palabras nuestras diarias peripecias. Recrear: es decir, que nunca contamos fielmente los hechos, sino que siempre inventamos o modificamos algo; o si se quiere: a la experiencia real le añadimos la imaginaria, y quizá sea eso lo que nos produce placer: el placer de agregar un cuerno al caballo y de que nos salga un unicornio. De ese modo vivimos dos veces el mismo episodio: cuando lo vivimos y cuando, al contarlo, nos adueñamos de él y nos convertimos fugazmente en demiurgos. Somos narradores por instinto de libertad, porque nos repugna la servidumbre de la propia condición humana en un mundo donde no suele haber sitio para nuestros deseos y nuestros afanes de verdad, de salvación y de plenitud.

No es que la vida sea un sueño: lo que ocurre, a mi entender, con ese viejo motivo literario, es que vivimos y luego narramos, o recordamos (que es otra forma de narración), lo que hemos vivido. Y ese tránsito imaginario (por el cual Simbad o Hamlet actúan y después se sientan a contemplar el espectáculo de sus propias vidas, Velázquez pinta su propia mirada o don Quijote lee sus propias aventuras en un libro titulado precisamente *Don Quijote)* es lo que mejor define el arte, del que todos venimos a ser maestros sin siquiera saberlo.

Y sin embargo, como ya observa Walter Benjamin hacia 1930, esa vieja y espontánea capacidad narrativa del hombre, que proviene del intercambio de experiencias y que nos parecía inextinguible, comienza a ser excepcional. «Cada vez es más raro encontrar a alguien que sepa contar bien algo», dice. Y añade: «La causa de ese fenómeno es evidente: la experiencia está en trance de desaparecer».

Quizá habría que buscar por ese rumbo alguna de las causas de la decadencia del lenguaje, de la que tanto se habla hoy. No hay deterioro expresivo que no se origine en el empobrecimiento de la vida. Ahora, dos hechos, entre otros, han venido a remachar nuestro suicidio narrativo. Por un lado, el fenómeno social de que muchos de los viejos, que son los pocos que todavía saben historias y gustan de contarlas, estén en los asilos, abandonados al silencio, y por otro, la reforma escolar, donde la literatura, y en general las humanidades, de nuevo van a salir menoscabadas. Con ello, es de temer que nuestros jóvenes, que apenas han tenido aprendizaje narrativo oral, acaben por no saber contar sus sueños y experiencias, y se les atrofie la memoria y queden cautivos de la inanidad del presente.

«¡Ay del que no tenga recuerdos!», decía Dostoievski, y como un eco repite Octavio Paz: «¡Ay del que no sepa gramática!». Nosotros, los perplejos profesores de letras, o los padres de esos jóvenes, debemos darnos prisa, porque un escuadrón de pedagogos, armados de moderna ignorancia, ebrios de ese delirio por el que alguien ha decidido que ahora el recreo habrá de llamarse *segmento de ocio*, acecha en la espesura de la tecnocracia. A nuestros hijos y alumnos, a los que no hay forma ya de reconciliar con el lenguaje, deberíamos aconsejarles que,

236

al menos dos días por semana, huyan de las escuelas e institutos y vayan directamente a aprender al asilo, a ver si allí recuperan algo de esa vieja sabiduría intuitiva que nos están arrebatando para siempre, o que quizá nosotros mismos hemos vendido ya, y no por un plato de lentejas, sino por una mísera hamburguesa.

El gramático a palos

Tengo un joven amigo que, después de diez años de estudiar gramática, se ha convertido al fin en un analfabeto de lo más ilustrado. Se trata de un estudiante de bachillerato de nivel medio, como tantos otros, y aunque tiene dificultades casi insalvables para leer con soltura y criterio el editorial de un periódico, es capaz sin embargo de analizar sintácticamente el texto que apenas logra descifrar. Su léxico culto es pobre, casi de supervivencia, pero eso no le impide despiezar morfológicamente, como un buen técnico que es, las palabras cuyo significado ignora, y enumerar luego de corrido los rasgos del lenguaje periodístico, y comentar las perífrasis verbales y explayarse aún en otras lindezas formales de ese estilo. De puro disparatada, a mí la paradoja me resulta hasta cómica, quizá porque, como bien decía Bergson, siempre es motivo de risa la teatralidad con que se manifiesta lo que en el hombre hay de rígido, de mecánico, de autómata. O, si se quiere, de deshumanizado. A mí todo esto me recuerda a Charlot en la cadena de montaje, aplicado y absurdo, cautivo en movimientos maquinales de títere hasta cuando se rasca la pantorrilla con el empeine del zapato. Este joven no está lo que se dice alfabetizado, es cierto, pero sí ampliamente gramaticalizado, y la suya es sin duda una forma bien laboriosa de ignorancia. Podríamos también decir que lo que le falta en construcción y fundamento le sobra sin embargo en presencia y diseño. Vaya, pues, una cosa por otra.

Libros, ha leído pocos, y no quizá por falta de afición sino porque ahora en las escuelas se enseña poca literatura y mucha lengua. Hay que estudiar demasiada gramática como para andar perdiendo el tiempo en novelas de caballerías. Aunque en la teoría no tiene por qué ser así, la práctica es otra cosa. En la práctica, la literatura está pasando incluso a ser una provincia más de esa patria común que es la lengua (o más bien de ese Saturno que devora a sus hijos), y donde a menudo ha de convivir, de igual a igual, con esas otras provincias que son el periodismo, la publicidad, la ciencia y la técnica, o la jurisprudencia. Ahí, en esa gran democracia, si es que no compadreo, todos alternan y se codean con todos. Y es que, si de lo que se trata es de enseñar lengua, la verdad es que tanto da diseccionar una lira de fray Luis como el eslogan de una marca de detergente o una receta gastronómica, porque al fin y al cabo la cantidad de gramática y de semiología que hay en esos mensajes viene a ser técnicamente más o menos la misma.

Pero, en fin, todo sea por esa buena y sacrosanta causa que es el aprendizaje de la lengua, puede pensarse. Claro que, luego, uno se pregunta: ¿y para qué sirve la lengua? ¿Para qué necesitan saber tantos requilorios gramaticales y semiológicos nuestros jóvenes? Porque el objetivo prioritario de esa materia debería ser el de aprender a leer y a escribir (y, consecuentemente, a pensar) como Dios manda, y el estudio técnico de la

239

lengua, mientras no se demuestre otra cosa, únicamente sirve para aprender lengua. Es decir: para aprobar exámenes de lengua. Entre ellos, el de Selectividad, por supuesto, que eso son ya palabras mayores. Yo sospecho que, en algún oscuro departamento de alguna universidad, en el centro de algún laberinto pedagógico, alguien alimenta el sueño, o más bien la pesadilla, de que algún día habrá en España cuarenta millones de filólogos.

El asunto, de cualquier modo, no es de ahora. En 1879, por ejemplo, en el *Boletín de la Institución Libre de Enseñanza*, escribía Manuel B. Cossío: «¿Por qué no suspender el abstracto estudio gramatical de las lenguas hasta el último período de la enseñanza escolar y ejercitar al niño en la continua práctica de la espontánea y libre expresión de su pensamiento, práctica tan olvidada entre nosotros, donde los niños apenas piensan, y los que piensan no saben decir lo que han pensado?». Ciento veinte años después, la erudición gramatical, aunque con distinto ropaje, sigue vigente en las escuelas, y va camino de convertirse poco menos que en una plaga de dimensiones bíblicas.

Lo que le ocurre a mi joven amigo me recuerda mis tiempos de estudiante de Filología Hispánica. Yo llegué a sufrir aún los excesos, tan ridículos como estruendosos, de la erudición. Jamás en cinco años llegamos a comentar ni una sola página de *La Celestina*, el *Lazarillo* o el *Quijote*. Como en aquel relato de Kafka donde el mensajero del emperador no podrá llegar nunca a su meta porque la inmensidad del propio imperio se lo impide, o por la misma razón por la que Aquiles no conseguirá darle alcance a la tortuga, de igual modo tampoco no-sotros accedíamos nunca a los textos originarios porque antes había que atravesar un laberinto inacabable de datos, de hi-pótesis, de averiguaciones, de fechas, de variantes, de teorías, que (ahora lo sé) no era un medio para llegar a la obra y en-riquecer la lectura sino un fin en sí mismo. Tampoco mi joven amigo sabe bien lo que lee porque, entre él y los textos, se in-terpone siempre la gramática, como un burócrata insaciable. Un poco al modo de aquella parodia donde Cortázar da ins-trucciones para subir una escalera, tanto mi joven amigo como yo nos quedamos en la higiene de los manuales de uso, sin lo-grar apenas ascender unos cuantos peldaños.

No hay esperpento sin un fondo solemne sobre el que des-tacarse. ¿Y qué mejor fondo, y de mayor solemnidad, que el de la técnica, sobre todo si se le añade el aura de un cierto hermetismo? Ante la cosa técnica, y la superstición de lo útil, todos callan y otorgan, como si se tratase del traje nuevo del emperador. Hace ya tiempo que la tecnificación del saber llegó también a las humanidades, culpables acaso de parecer so-brantes y anacrónicas en el mundo de hoy. Uno no tiene nada contra la gramática pero sí contra la intoxicación gramatical que están sufriendo nuestros jóvenes. Uno está convencido de que, fuera de algunos rudimentos teóricos, la gramática se aprende leyendo y escribiendo, y de que quien llegue, por ejem-plo, a leer bien una página, entonando bien las oraciones y desentrañando con la voz el contenido y la música del idioma, ése sabe sintaxis. Sólo entonces, como una confirmación y un enriquecimiento de lo que básicamente ya se sabe, alcanzará la teoría a tener un sentido y a mejorar la competencia lingüística del usuario. Así que, quien quiera aprender lengua, que estudie literatura, mucha literatura, porque sólo los buenos libros podrán remediar la plaga que se nos avecina de los gramáticos a palos.

Fijar la mirada

Vivimos un hecho relevante y nos preguntamos qué quedará de él en la memoria dentro de algunos años, qué detalles de los que en ese instante no somos ni siquiera conscientes estarán llamados a perpetuarse y qué otros, magníficos en apariencia, sucumbirán finalmente al olvido. En diciembre de 1971 se celebró en Argel un festival de música mediterránea y el presidente Bumedián recibió a los participantes en el Palais du Peuple. Yo iba allí enrolado de guitarrista en una compañía flamenca y recuerdo la mano lánguida del mandatario y su expresión hermética, y si hago un esfuerzo de concentración puedo rescatar algunos otros sucesos memorables, pero el recuerdo más tenaz y más vívido es el de unos niños desarrapados que en la plaza frontera del palacio disparaban con tirachinas a los pájaros que ya empezaban a acomodarse en los árboles para dormir.

La depuración que la memoria hace de nuestras vivencias es en verdad inescrutable. Liba en nuestro pasado y de pronto un día nos lo devuelve despojado de fastos pero misteriosamente enriquecido de pormenores imprevistos. De un profesor de filosofía que yo tuve en el bachillerato recuerdo con precisión

245

su costumbre gratificante de cruzar las piernas y jugar con el elástico de los calcetines mientras esclarecía a Hegel, en tanto que de Hegel lo he olvidado todo salvo su oscuridad impenetrable.

Cosas así invitan a interpretar la expresión equívoca de la Gioconda como uno de esos momentos de distracción en que alguien desvía los ojos de la solemnidad del protocolo para ir a fijarlos en algún detalle menor donde la vida se muestra de pronto en toda su enigmática y descarada espontaneidad. A veces he reconocido esa mirada (esos apartes a un tiempo críticos e inocentes), cómo no, en mis alumnos. Y es que, en efecto, las lecciones que nos ofrece la memoria debían alertarnos a los profesores sobre el destino de nuestras enseñanzas, y en particular de aquellas que se transmiten como un fardo cultural que está ahí, embalado y listo para el transporte, y que no hay más que cargar con él para apropiárselo de una vez para siempre.

La Generación del 98, por ejemplo. Los profesores de literatura llevamos muchos años conmemorando el centenario de este gran trampantojo. Si existe el infierno, y si en él hay diablos pedagogos, es probable que a los profesores que no hemos sido buenos nos condenen precisamente a eso: a explicar la Generación del 98 por los siglos de los siglos a un grupo de jóvenes igualmente réprobos, ensopados todos de tedio y de melancolía, y sin la más leve esperanza de remisión. Y ya me imagino allí a ciertas lumbreras que yo me sé presas de patas en su propio unte cultural. Porque claro está que no se trata de leer sin más a Antonio Machado, a Valle o a Baroja (que eso sería tanto como cursar estudios de ginecología en un burdel), sino de poner sus obras al servicio, y a mayor gloria, de un esquema conceptual previo, o lo que es lo mismo: de obtener un botín cultural. Uno no acaba de admirarse de cómo la crisis espiritual europea de fin de siglo, con toda su complejidad ideológica y estética, ha quedado en España poco menos que reducida a la pérdida de una isla y a la exaltación de una meseta. Y así, todos los años allá por el otoño, los estudiantes de último curso de bachillerato aprenden un poco de historia, un poco de geografía, un poco de sociología, un poco de religión, algo de política y apenas nada de literatura. Pocas cosas hay tan confortables como esos saberes clausurados que, al modo de la panorámica que se le ofrece al excursionista para premiar su esfuerzo, crean la ilusión de un conocimiento transparente y por tanto indudable, y que nos defienden contra la angustiosa pululación de menudencias y excepciones de que está hecha la realidad y, de rebote, la literatura.

Del mismo modo que Ortega nos prevenía contra la tentación de ser ejemplares, así el saber literario no debería tampoco intentar ser esencial en el sentido estruendoso o afectado del término, sino empapuzarse por el contrario en las contingencias, y recrearse en ellas, con la seguridad de que, si algo hay esencial en la literatura, sólo se revelará desde las entrañas mismas de la obra. Y no es que uno tenga nada personal contra los contextos. Al revés: a uno le gusta definir la literatura como el patio de vecindad de las humanidades, y cree que la lectura es siempre ocasión de encuentros y curiosidades de todo tipo. Pero también cree que la educación estética comienza en el instante en que aprendemos a amar lo concreto, a intuir y a analizar y a sentir el caudal insólito de pensamiento y de emoción que atesora un detalle, lo cual es transferible a la vida y sirve de aprendizaje impagable para fijar la mirada en un mundo donde todo invita a la dispersión, al merodeo y a la fugacidad. Fijar pacientemente la mirada en las palabras y en las cosas: en eso consiste el arte de la lectura, y en definitiva del conocimiento.

Del mismo modo, la memoria conspira siempre contra el saber inauténtico. Un día cualquiera, el recuerdo se distrae un instante, y aparta la mirada y el oído de la clara teoría para atender al latir de la fuente en un poema de Machado leído muchos años atrás.

Casi una utopía

Me gusta divagar sobre la arquitectura. Un día, leyendo un libro de Antonio Fernández Alba, pensé que eso me ocurre porque en cierto modo yo provengo de una familia de arquitectos. Quiero decir que mis antepasados eran campesinos que construyeron sus propias casas. Ellos las idearon, arrebataron los materiales a una tierra generalmente hostil, abrieron trochas por donde acarrearlos, cavaron los cimientos y finalmente alzaron su vivienda. Algo de pioneros había en ellos, y algo de épico o primordial en todo ese quehacer. Se trataba de viviendas para vivir, funcionales hasta donde ese concepto era válido entonces, pero con ciertos añadidos estéticos llamados a dejar en la obra la firma del artífice. Un zócalo, una crestería, el remate de una chimenea, la teja que adquiría la inclinación insolente o gentil del sombrero en día de cortejo, o cualquier otro capricho, venían a ser signos festivos, y un tanto dispendiosos, que por un lado añadían al trabajo un toque de jocosidad al final de la brega, y que por otro dejaban allí el sello de lo singular, de lo único, sin el cual no hay estética ni consuelo posibles. No se trataba, claro está, de transgresión: era sólo un leve subrayado, un humilde maniobrar en los márgenes del estilo canónico de la época. Y era también una afirmación de la vida, algo de danza primaveral al final de un duro invierno de labor.

Estaba, pues, leyendo y mirando el libro de Antonio Fernández Alba y de pronto (por una de esas analogías de la memoria que nadie ha sabido indagar mejor que Proust) recordé que en mi pueblo, que es un pueblo rayano con Portugal, se usaba mucho la expresión «hacer las cosas con jeito». «¡Qué poco jeito tienes!», me reprendía mi madre cuando yo hacía algo de un modo atropellado, de mala gana, o lo dejaba a medio hacer. Esa palabra no existe oficialmente en castellano. En castellano hay un *jeito* que, según la Academia, significa «red para la pesca de la anchoa o la sardina». Pero el *jeito* que usaban mis mayores, como llegué a saber mucho tiempo después, era una palabra tomada en crudo del portugués *jeitu,* que significa «disposición, actitud, gesto, modo, manera, con que se hacen las cosas». Una palabra muy sutil, una obra maestra de la semántica: el producto decantado por muchos siglos de vida y de refinamiento cultural. De ahí proviene el gallego *xeitoso:* «gracioso, gentil». Hacer las cosas con jeito es, por consiguiente, hacer las cosas bien, con gentileza, y no tanto por un interés inmediato sino porque sí, por el puro gusto de hacerlas bien, por oponer a la brevedad de la vida y al caos del mundo la apariencia de un orden o de una belleza perdurables, o simplemente por la satisfacción de poner lo mejor de uno mismo en lo mínimo que se haga, como dice Pessoa.

A veces va uno por el campo y encuentra paredes de piedra o de pizarra construidas por gentes anónimas muchos años atrás. Yo vi levantar algunas en mi infancia y recuerdo el cuidado con que el albañil, casi orfebre, elegía y encajaba las piezas. Cualquier pared medianamente sólida habría servido para cercar una tierra. Pero no: había que hacer las cosas con arte, con finura, con jeito. Ése era el añadido que confería brillo al instante, que hacía único e irreemplazable al hacedor. Y tal era el nudo donde raramente la estética y la ética juntaban sus fuerzas en un único y solidario afán. Con jeito se tejían los pobres los capotes de juncos para protegerse de las lluvias (y que tenían un empaque de capas pluviales en día de gran liturgia), o los garlitos para pescar en los regatos, cuyo diseño y pompa parecían más hechos para atrapar tritones y sirenas que no los insignificantes barbitos y bogas que se estilaban por allí.

Jeito, pues. Alguien que empieza a tocar la gaita, y aún no sabe gran cosa del oficio pero pone en él gracia y dedicación, y por supuesto fe, es una persona *xeitosa*. El niño que juega en soledad y se esmera en lo suyo, sin necesidad de ser mirado ni admirado, nos resulta *xeitoso*. Y también lo es Sócrates, y con qué profunda levedad, cuando aprende a tocar un aire de flauta en su última noche de condenado a muerte. Sigo hojeando el libro: Antonio Fernández Alba –y no hay más que ver sus dibujos y el delicado fluir de su escritura– además de sabio es un hombre con jeito.

De niños nos decían que había que hacer las cosas siempre bien porque Dios nos estaba observando y juzgando en todo instante. Pero a los que no somos creyentes nos basta a veces con creer en el valor que de por sí tienen las cosas bien hechas para hacerlas por eso mismo lo mejor que sepamos. En *Dios lo ve*, Óscar Tusquets analiza obras arquitectónicas donde hay detalles magníficos en emplazamientos recónditos, medio secretos, que escapan a la mirada del curioso. ¿Para qué se hicieron entonces, y por qué tanto esmero en algo que parece nacer con vocación de anonimato? Pues justamente por eso, por puro jeito, por el misterioso y morboso placer de hacer las cosas lo mejor posible, por ese anhelo de perfección que hay en todos cuantos no creen en Dios pero fingen que Dios existe y algún día juzgará nuestra obra. Hay un modo modesto, desesperado, y siempre irónico, de sabernos efímeros y de no renunciar del todo al sueño instintivo de la inmortalidad.

Hoy, que tanto se tiende a despachar las tareas deprisa y de cualquier manera, y muy a menudo por el ansia del dinero y la fama, quizá sea un buen momento para volver los ojos a esa palabra, *jeito*, que tras su aspecto pobre y estrafalario esconde el programa de una utopía posible, o por lo menos verosímil. A uno no le gustan nada las moralejas, pero cierras el libro y de pronto sientes un no sé qué de pena por muchos que, pudiendo ser *xeitosos*, han optado por la vulgaridad de ser sólo exitosos o meramente ricos.

Procedencia de los textos

TIPOS Y PAISAJES

«¿Cómo le corto el pelo, caballero?», *El País*, 24-11-1993; «Un hombre de acción», *El País*, 1-11-1998; «Los asomadizos», *El País*, 20-10-1992; «Suspiros de España», *El País*, 11-9-1990; «Dinero chico, dinero grande», *El País*, 13-4-1991; «Claroscuro», *El País*, 16-1-2000; «Retrato de un hombre inexistente», *El País*, 24-2-1990; «Un caso elemental de paranoia», *Man*, mayo de 2003; «Seducción sobre un fondo otoñal», *Man*, junio de 2003.

NOTAS DE ACTUALIDAD

«Embrujo de Madrid», *El País*, 26-12-1998; «Colapso informativo en la peluquería», *El País*, 29-12-2002; «Actualidad de Kafka», *El País*, 11-1-1998; «T + T», *El País*, 9-5-2003; «Un héroe prematuro», *El País*, 16-5-1990; «Los libros invisibles», *El País*, 25-9-1999; «Incertidumbres de un mariscal de café», *El País*, 20-10-1991; «Stendhal y Fabrizio», *El País*, 2-2-1992; «Ver y mirar», *El País*, 3-9-1994.

NOSTALGIAS

«Casa de papel», *Cercha*, diciembre de 2001; «Recuerdos de la frontera», *El País*, 22-6-1991; «Abalorios», *El País*, 18-7-1990; «Tormenta de verano», *El País*, 18-11-1991; «¿Se va el caimán?», *El País*, 3-12-1992; «Atardecer en el barrio de Prosperidad», *El País*, 16-10-1994; «Las plazas, o la escritura borrosa», *Revista del MOPT,* julio-agosto de 1991; «Verano del 65», *El País*, 6-6-1990; «Un gran hombre», *El País*, 12-1-1993.

A PIE DE PÁGINA

«El abismo veneciano», *Abc Cultural*, 17-12-1998; «Los silencios de Kafka», *El País*, 15-7-1990; «La vida breve», *Diario 16. Libros*, 1-2-1990; «Las delicadas fronteras», *El País*, 2-12-1993; «Malos tiempos para los buenos libros», *El País*, 4-4-1992; «En las melancolías de la madurez», *El País*, 20-3-1999; «¿Adónde has venido a parar?», *El País*, 18-1-2004; «Si yo supiera contaros una buena historia...», *El País*, 10-12-1994.

PEDAGÓGICAS

«Duendes en la galaxia Gutenberg», *El País*, 21-6-1992; «Incertidumbres de un profesor de bachillerato», *El País*, 24-12-1995; «¡A aprender, al asilo!», *El País*, 3-1-1991; «El gramático a palos», *El País*, 14-12-1999; «Fijar la mirada», *El País*, 2-5-1998; «Casi una utopía», *El País*, 5-11-2002.